3.28	Joghurt mit Honig und Nüssen	33
3.29	Kartoffelcreme mit Kräuter-Frischkäse	33
3.30	Kartoffeln mit Bärlauch-Quark	34
3.31	Kartoffeln mit Quark-Soße	35
3.32	Kartoffeltaschen mit Wildkräutern	36
3.33	Kichererbsen mit Karotten, Hijiki und Rosinen	37
3.34	Kürbisklößchen mit Tomaten-Petersiliensoße	38
3.35	Kürbis-Nockerl mit Parmesan und Petersiliensoße	39
3.36	Lasagne mit Tofucreme	40
3.37	Mungbohnen-Eintopf	41
3.38	Nudel-Auflauf mit Quark und Pfirsichen	42
3.39	Palatschinken mit Spinat und Parmesan	43
3.40	Pikante Avocadocreme mit Hüttenkäse	44
3.41	Pinienkernmus	45
3.42	Rhabarberkuchen mit Streuseln	45
3.43	Russische Kasha mit Weißkohl	46
3.44	Sommersalat	47
3.45	Süßkartoffelpuffer mit Basilikum-Pesto	48
3.46	Tofu-Schwarzbohnen-Chili mit Reis	49
3.47	Vanillecreme mit Beeren	50
3.48	Wärmender Haferflockenbrei	51
3.49	Zwetschgenkuchen	51
4	Wirkung der Lebensmittel	52
4.1	Zutaten verwenden: empfehlenswert	52
4.2	Zutaten verwenden: ja	53
4.3	Zutaten verwenden: wenig	59
4.4	Kontraindikativ wirkende Lebensmittel nicht verwenden	59
5	Komplementär	61
5.1	Heil-Tee (Aufguss)	1
5.1.1	Andorn	1
5.1.2	Anis	1
5.1.3	Berberitzen-Wurzel	1
5.1.4	Tausendguldenkraut	2
5.2	Komplementäre Anwendung	2
5.2.1	Ayur Veda	62
5.2.2	Shiatsu Massage	62
5.3	Verschiedene Möglichkeiten	63
5.3.1	Mariendistel	63
5.3.2	Reishi	63
6	Grundlagen der Ernährung	64
6.1	Ernährung	64
6.2	Rezepte	66
6.3	Lebensmittel	67

6.4 Kräuter 68
7 Weitere Ernährungsvorschläge 69

1.1 Vorwort

Die Weltgesundheitsorganisation (WHO) davon spricht, dass bis zu 80% der Erkrankungen durch äußere Faktoren wie Ernährung, Lebensstil, Umweltgifte und dergleichen beeinflusst werden.

Welche Faktoren also jeder einzelne von uns aktiv beeinflussen kann und somit seine Chancen auf Erhöhung der allgemein Gesundheit erzielen kann, darum geht es auf den folgenden Seiten.

Der Fokus in diesem Buch liegt auf dem Faktor mit der größten Hebelwirkung - der Ernährung.
Schon Hippokrates hat einst gesagt "Lass die Nahrung deine Medizin sein und Medizin deine Nahrung!" Kräuterpädagog:innen heute sagen so: "Es gibt für jede Krankheit das richtige Kraut."

Egal wie wir es drehen und wenden, wir sind was wir essen (und was unser Essen gegessen hat). Der moderne Mensch sieht sich gerne isoliert von seiner Umwelt. Wir entstehen aus unserer Umwelt, wir leben inmitten von ihr und wenn wir sterben gehen wir wieder in unsere Umwelt über. Während wir leben essen wir das, was in unserer Umwelt wächst (oder in Fabriken chemisch erzeugt wird). Diese Nahrung liefert die Energie und Bausteine, für den eigenen Körper, für den Stoffwechsel, Zellerneuerung, den Hormonhaushalt und damit für unser gesamtes Sein, die Gesundheit und unser Empfinden.

Hier ein paar Grundbausteine, bevor in dem Buch noch näher auf Ernährungsfaktoren eingegangen wird, die sozusagen der kleinste gemeinsame Nenner der meisten Ernährungsphilosophien sind:

- Saisonalität
    - Winterpflanzen, wie zum Beispiel verschiedene Kohlgewächse, versorgen uns mit Unmengen von Vitamin C und Bitterstoffen. Zwei Faktoren, die unser Immunsystem bei der Abwehr von der Kälte und den typischen Infekten in der Winterzeit unterstützen.

1 Ernährung bei hepatischer Enzephalopathie

Diese Empfehlungen bitte immer mit Ernährungsberater/in, Arzt oder Diätologen/in absprechen! Die Rezepte und Zutatenlisten unterstützen die medizinischen Therapien.

Die Kalorienangaben frischer Zutaten (Obst und Gemüse) und die Inhaltsstoffe schwanken je nach Qualität und Erntezeit. Die Inhalte wurden von einer Diätologin und einer Ernährungsberaterin für die Traditionelle Chinesische Medizin (TCM) geprüft.

Autor:
©2022 Josef Miligui
Liebe Leserinnen und Leser, ich wünsche Ihnen viel Erfolg und gutes Gelingen bei der Umstellung Ihrer Ernährung. Dieses Buch wurde aus eigener Erfahrung mit Krankheit und Ernährung geschrieben und ich habe schon immer das Zubereiten guter Speisen geschätzt. Wenn Sie nicht so geübt sind im Kochen, empfiehlt sich ein Kurs bei Ernährungsberatern oder Diätologen, die Ihnen die Grundlagen der Kochmethoden sowie die richtige Verarbeitung der Zutaten vermitteln können. Anhand der Lebensmittellisten aus diesem Buch können Sie weitere Rezepte entwickeln und entdecken.

Quelle:
Die Listen werden aus der EBNS-Datenbank für die Ernährungsberatung generiert. Die Datenbank wird von Ernährungsberater, Therapeuten und Ärzte für die Beratung der Patienten/Klienten verwendet und ermöglicht eine Kombination mehrerer Syndrome.

Literaturliste:
Wir haben die Unterlagen als Wissensbasis genutzt und an unsere Erfahrungen angepasst und ergänzt.
www.ebns.at

Herstellung und Verlag:
BoD – Books on Demand, Norderstedt
ISBN: 9783741293498

DIÄTETIK - Stoffwechsel - hepatischer Enzephalopathie
(Buch: 043)

1 Ernährung bei hepatischer Enzephalopathie 1
   1.1 Vorwort 4
   1.2 Beschreibung 6
   1.3 Therapiestrategie 7
   1.4 Vermeiden 7
2 Speiseplan 8
     2.1.1 Frühstück 8
     2.1.2 Jause 8
     2.1.3 Mittag 8
   2.2 Nachmittag 9
   2.3 Abend 10
3 Rezepte 11
   3.1 Aprikosen-Hafer-Kugeln mit Acaipulver 11
   3.2 Bandnudeln mit Blattspinat 11
   3.3 Bärlauch-Pesto 12
   3.4 Beerentraum 13
   3.5 Blattsalat mit Frischkäse 14
   3.6 Bohnenpasta pikant süß 15
   3.7 Brokkoli-Parmesan-Aufstrich auf Toastbrot 15
   3.8 Bulgur mit Tomaten und frischen Kräutern 16
   3.9 Couscous mit Datteln, Kokos und Mandelmus 17
   3.10 Couscous-Salat 18
   3.11 Curryreis mit Rosinen und Nüssen 19
   3.12 Erbsengericht 20
   3.13 Frischkäseersatz 21
   3.14 Gegrillte Tomaten mit Käsefüllung 22
   3.15 Gemüsenudeln mit Tomatensugo 23
   3.16 Geröstete Nüsse 24
   3.17 Gersten-Gemüse-Suppe 24
   3.18 Gerstenschrotsuppe 25
   3.19 Gewürzkuchen mit Datteln 26
   3.20 Grießklößchensuppe 27
   3.21 Grundrezept für eine Hühnerbrühe 27
   3.22 Grundrezept für eine nahrhafte Gemüsebrühe 28
   3.23 Grundrezept für eine Rinderbrühe (klar) 29
   3.24 Heidelbeer-Quark mit Acaipulver 30
   3.25 Humus 31
   3.26 Hüttenkäse mit gedünstetem Obst 32
   3.27 Italienische Gemüse-Bohnen-Suppe 32

- - Sommerpflanzen wie zum Beispiel Gurken, Tomaten aber auch Zitrusfrüchte kühlen unseren aufgeheizten Körper und versorgen uns mit viel Wasser.
  - Außerdem müssen bei saisonalen Pflanzen weniger chemische Helferlein eingesetzt werden, da die passenden Umweltfaktoren das Wachstum sowieso fördern.
- Regionalität
  - Damit einher geht auch der Faktor der Regionalität. Regionale pflanzliche Lebensmittel werden reif geerntet und haben somit alle Nährstoffe entwickeln können. Im Gegensatz dazu wird Obst und Gemüse aus ferneren Ländern unreif geerntet und nur durch den Einsatz von chemischen Mitteln unnatürlich "nachgereift" - bzw. nur nach-gefärbt. Die Dichte der Nährstoffe und auch der Geschmack kann dabei niemals mit regionalen Lebensmitteln mithalten. (Sie haben es vielleicht schon selber erlebt, dass eine Südfrucht aus dem jeweiligen Ursprungsland dort im Urlaub viel süßer und vollmundiger schmeckt als die gleiche Frucht aus dem zentraleuropäischen Supermarkt).
- Pflanzenbasierte Ernährung
  - Ja, diese Basis teilen selbst die Anhänger der Fleischdiät mit den Veganern. Denn bei der Fleischdiät geht es auch um Fleisch von Tieren, die sich artgerecht, sprich von vielen Gräsern und Kräutern ernährt haben. Die Masse an Getreide in der heutigen Ernährung - egal ob bei Mensch oder Tier - entspricht nicht der natürlichen Ernährungsweise. Sie macht uns krank, dick und manche behaupten sogar dumm (das weist auf die Schädigung der neuronalen Netzwerke hin, die durch den Konsum von Kohlenhydraten passiert hin). Pflanzen im Sinne von Gemüse, Kräutern, Salaten, Sprossen, in geringen Mengen Obst, Nüsse, Samen, etc. liefern neben den viel beschriebenen Vitaminen und Mineralstoffen vor allem sekundäre Pflanzenstoffe, die herausragende Heilwirkung haben. So werden eine Vielzahl unserer Medikamente auf Basis der natürlich vorkommenden Pflanzenstoffe nachgebaut. Allerdings sind da diverse Säuren und andere Wirkstoffe extrahiert und wirken nur alleine - mit den Pflanzen selbst nehmen wir sie in einer

reichhaltigen und sich gegenseitig verstärkenden Kombination vielerlei wirksamer Stoffe zu uns.

Ja zusätzlich zu diesen 3 großen Punkten gibt es immer noch sehr viel zu beachten. Ein optimales Verhältnis von Omega 3 zu Omega 6 Fettsäuren (empfohlen wird 1:3), eine individuell und situationsbedingte Eiweißversorgung und so weiter.

Eine ganz gute und einfache Richtlinie für die alltägliche Ernährung bietet der ideale Teller. Der sieht so aus, dass möglichst jede Mahlzeit zur Hälfte aus pflanzlichen Bestandteilen besteht, ein Viertel der Eiweißversorgung dient und ein Viertel die Mahlzeit durch gute Fette und eventuell Kohlenhydrate abrundet.

Die Feinjustierung rund um die Zubereitungsarten, die Zusammenstellungen und so weiter sehe ich als sehr individuell an. Es gibt meines Erachtens nicht die 1 perfekte Ernährung. Es gibt so viele großartige Philosophien und Studien, die alle wunderbare Heilungen berichten und sich dabei aber gegenseitig ausschließen. Was auf den ersten Blick vielleicht paradox wirkt, eröffnet bei näherer Betrachtung ganz viele Möglichkeiten des Probierens und neuer Chancen.

Neben der Ernährung werden noch folgende Faktoren genannt:
- die Giftstoffbelastung in unserer Umwelt sowie in Pflegeprodukten oder eben in der Ernährung
- eine Balance aus Aktivität, (kurzzeitigem) Stress und der Entspannung wie auch Schlaf
- Aufarbeitung der emotionalen Wunden aus der Vergangenheit und Steigerung der Resilienz
- Biologische Zahnheilkunde
- eine optimierte Versorgung durch Heilkräuter, Heilpilze udgl.
- Früherkennung durch bewährte und schonende Verfahren

1.2 Beschreibung

Die hepatische Enzephalopathie ist ein krankhaftes Zustandsbild, das im Zusammenhang mit Funktionsstörungen der Leber auftritt. Ursache ist die mangelnde Fähigkeit der Leber, Ammoniak abzubauen, wodurch größere Mengen davon ins Gehirn eindringen und von dort aus verschiedene Störungen hervorrufen. Mit einer geeigneten Diät kann die vom Körper produzierte Menge an Ammoniak verringert werden, was mit einem Nachlassen von Symptomen verbunden sein kann.

Funktionieren Harnstoff- und Glutamin Synthese aufgrund einer Leberschädigung nicht ausreichend, steigt der Ammoniakspiegel im Blut an und es kommt zur sogenannten Hyperammoniämie. Bei Vorliegen einer Leberzirrhose ist dies die Regel, aber selbst bei Patienten mit Fettleber kann der Ammoniakabbau bereits beeinträchtigt sein. Um die sich aus der hepatischen Enzephalopathie ergebenden Folgen, von Konzentrationsstörungen über den „Flapping Tremor" bis hin zu schweren Beeinträchtigungen der Gehirnleistung, zu reduzieren, beinhalten therapeutische Ansätze oftmals auch Diätempfehlungen, die auf eine geringere Produktion von Ammoniak abzielen.

1.3 Therapiestrategie

Die Herausforderung einer Diät bei hepatischer Enzephalopathie liegt darin, ausreichend Eiweiß zur Verfügung zu stellen, jedoch auf Fleisch- und Wurstwaren weitgehend zu verzichten, bilden doch letztere die Hauptursache für die Produktion von Ammoniak. Damit dem Körper des Patienten dennoch genug Eiweiß zugeführt wird, wird der Verzicht auf Fleischverzehr vor allem mit Milchprodukten wie Topfen oder pflanzlichen Eiweißlieferanten wie Sojaprodukten und Hülsenfrüchten ausgeglichen. Auch die Nahrungsergänzung durch spezielle Fertigpräparate aus Aminosäuren stellt diesbezüglich eine Möglichkeit dar. Neben der Kontrolle der Eiweißaufnahme ist die ausreichende Zufuhr von Ballaststoffen ein weiterer Bestandteil einer Diät bei hepatischer Enzephalopathie. Es hat sich gezeigt, dass die Verdauung von Ballaststoffen dazu beiträgt, dass Ammoniak in höherem Maße über den Stuhl ausgeschieden wird und somit in geringeren Mengen von der Leber abgebaut werden muss.

1.4 Vermeiden

Fleisch und Wurstprodukte.

2 Speiseplan

Kkal. p. Portion

2.1.1 Frühstück

Beerentraum 273,7
Bohnenpasta pikant süß 311,0
Brokkoli-Parmesan-Aufstrich auf Toastbrot 148,0
Bulgur mit Tomaten und frischen Kräutern 205,0
Couscous mit Datteln, Kokos und Mandelmus 483,7
Couscous-Salat 338,2
Curryreis mit Rosinen und Nüssen 275,3
Frischkäseersatz 526,0
Gemüsenudeln mit Tomatensugo 561,8
Geröstete Nüsse 973,0
Gersten-Gemüse-Suppe 281,3
Gerstenschrotsuppe 265,4
Gewürzkuchen mit Datteln 807,7
Humus 542,5
Hüttenkäse mit gedünstetem Obst 214,5
Joghurt mit Honig und Nüssen 258,0
Kartoffelcreme mit Kräuter-Frischkäse 217,0
Kichererbsen mit Karotten, Hijiki und Rosinen 429,0
Kürbis-Nockerl mit Parmesan und Petersiliensoße 431,5
Pikante Avocadocreme mit Hüttenkäse 613,8
Pinienkernmus 235,9
Vanillecreme mit Beeren 282,1
Wärmender Haferflockenbrei 357,5

2.1.2 Jause

Bärlauch-Pesto 795,5
Beerentraum 273,7
Gewürzkuchen mit Datteln 807,7
Rhabarberkuchen mit Streuseln 475,8
Zwetschgenkuchen 502,5

2.1.3 Mittag

Aprikosen-Hafer-Kugeln mit Acaipulver 768,3
Bandnudeln mit Blattspinat 722,8
Bärlauch-Pesto 795,5
Beerentraum 273,7
Blattsalat mit Frischkäse 802,0

Bohnenpasta pikant süß 311,0
Brokkoli-Parmesan-Aufstrich auf Toastbrot 148,0
Bulgur mit Tomaten und frischen Kräutern 205,0
Couscous mit Datteln, Kokos und Mandelmus 483,7
Couscous-Salat 338,2
Curryreis mit Rosinen und Nüssen 275,3
Erbsengericht 406,0
Frischkäseersatz 526,0
Gegrillte Tomaten mit Käsefüllung 469,5
Gemüsenudeln mit Tomatensugo 561,8
Geröstete Nüsse 973,0
Gerstenschrotsuppe 265,4
Grießklößchensuppe 287,0
Humus 542,5
Hüttenkäse mit gedünstetem Obst 214,5
Italienische Gemüse-Bohnen-Suppe 204,5
Joghurt mit Honig und Nüssen 258,0
Kartoffelcreme mit Kräuter-Frischkäse 217,0
Kartoffeln mit Bärlauch-Quark 254,3
Kartoffeln mit Quark-Soße 413,7
Kartoffeltaschen mit Wildkräutern 417,6
Kichererbsen mit Karotten, Hijiki und Rosinen 429,0
Kürbisklößchen mit Tomaten-Petersiliensoße 380,5
Kürbis-Nockerl mit Parmesan und Petersiliensoße 431,5
Lasagne mit Tofucreme 300,5
Mungbohnen-Eintopf 665,3
Nudel-Auflauf mit Quark und Pfirsichen 442,4
Palatschinken mit Spinat und Parmesan 329,7
Pikante Avocadocreme mit Hüttenkäse 613,8
Pinienkernmus 235,9
Russische Kasha mit Weißkohl 250,5
Sommersalat 281,0
Süßkartoffelpuffer mit Basilikum-Pesto 625,0
Tofu-Schwarzbohnen-Chili mit Reis 343,5
Wärmender Haferflockenbrei 357,5

2.2 Nachmittag

Gewürzkuchen mit Datteln 807,7
Humus 542,5
Rhabarberkuchen mit Streuseln 475,8
Zwetschgenkuchen 502,5

2.3 Abend

Bandnudeln mit Blattspinat 722,8
Curryreis mit Rosinen und Nüssen 275,3
Erbsengericht 406,0
Gegrillte Tomaten mit Käsefüllung 469,5
Gemüsenudeln mit Tomatensugo 561,8
Gersten-Gemüse-Suppe 281,3
Gerstenschrotsuppe 265,4
Grießklößchensuppe 287,0
Italienische Gemüse-Bohnen-Suppe 204,5
Kürbisklößchen mit Tomaten-Petersiliensoße 380,5
Kürbis-Nockerl mit Parmesan und Petersiliensoße 431,5
Lasagne mit Tofucreme 300,5
Palatschinken mit Spinat und Parmesan 329,7
Pinienkernmus 235,9
Russische Kasha mit Weißkohl 250,5
Sommersalat 281,0
Süßkartoffelpuffer mit Basilikum-Pesto 625,0
Tofu-Schwarzbohnen-Chili mit Reis 343,5

3 Rezepte

empfehlenswert = Sie können mehr verwenden
wenig = wenn möglich weniger verwenden
weniger als angegeben = möglichst nicht verwenden

3.1 Aprikosen-Hafer-Kugeln mit Acaipulver

Stärkt Abwehrkraft, leicht abführend, antioxidativ.
Anzahl Portionen: 2
Kalorien p. Portion 768
Gramm p. Portion 191
Kochdauer ca. 20 Min.
Allergene: AHO
100g.≈ Eiweiß 20,58g. Fett:33,69g.
µg. - Ph:143,33 Na:3,91 Ka:439,01 Mg:61,58 Ca:58,13 Fe:1,94 Zn:0,58 Col.:0 Hsr.:49,16

Zutaten:
Hafer Flocken (Vollkorn) 125 g. / 125g. (ja)
Aprikose getrocknet 125 g. / 125g. (ja)
Mandeln 100 g. / 100g. (ja)
Honig 2 EL / 14g. (ja)
Acaipulver 3 TL / 9g. (ja)
Zitrone Saft 3 EL / 9g. (ja)

Kochanleitung:
Die gehobelten Mandeln in der Pfanne leicht rösten und abkühlen lassen. Anschließend die Aprikosen im Mixer pürieren und Zitronensaft zufügen. Alle Zutaten miteinander verkneten. Ist die Masse zu locker, geben Sie noch etwas Honig hinzu. Schließlich zu kleinen Kugeln formen und in Haferflocken wälzen.

3.2 Bandnudeln mit Blattspinat

Fördert Verdauung und Durchblutung, stärkt Magen und Darm, verbessert Bauchspeicheldrüsenfunktion. Gut bei Appetitlosigkeit, Blähungen, Darmentzündungen, Fettsucht, Magengeschwüren, Magenkrämpfen, Rheuma, Sodbrennen, Zwölffingerdarmgeschwüren.
Anzahl Portionen: 2
Kalorien p. Portion 723
Gramm p. Portion 317,5
Kochdauer ca. 45 Min.
Allergene: ACG
(Kohlehydrat:59,52% / Eiweiß & Fett:40,48%)
100g.≈ Eiweiß 22,78g. Fett:36,63g.
µg. - Ph:63,29 Na:34,15 Ka:107,6 Mg:22,1 Ca:56,13 Fe:0,98 Zn:0,22 Col.:8,06 Hsr.:39,35

Zutaten:
Spinat 250 g. / 250g. (ja)
Salz 1 Prise / 1g. (ja)
Nudeln (Weizen, Bandnudeln) mit Ei 200 g. / 200g. (ja)
Olivenöl 1 EL / 15g. (ja)
Zwiebel Frühlingszwiebel 1 Stück / 20g. (ja)
Sahne, süß 30% 100 ml. / 100g. (ja)
Creme fraiche 1/2 EL / 6g. (ja)
Thymian getrocknet 1/2 TL / 2g. (ja)
Basilikum (frisch) 1/2 TL / 2g. (ja)
Oregano getrocknet 1/2 TL / 2g. (ja)
Muskatnuss 1 Prise / 0,5g. (ja)
Pfeffer gemahlen 1 Prise / 0,5g. ()
Parmesan 20 g. / 20g. (ja)
Pinienkerne 1 EL / 15g. (ja)
Schwarzkümmel 1 Prise / 1g. (ja)

Kochanleitung:
In einem geschlossenen Topf den tropfnassen Spinat mit etwas Salz 3 Min. zusammenfallen und in einem Sieb abtropfen lassen. Danach fein schneiden. Bandnudeln in reichlich Salzwasser bissfest kochen. Öl in einer beschichteten Pfanne erhitzen und in Ringe geschnittene Jungzwiebeln darin weich dünsten. Sahne, Crème fraîche, Thymian, Basilikum, Oregano und Muskat dazugeben. Die Soße unter Rühren etwas einkochen lassen, Spinat untermischen und kurz erhitzen und mit Muskat, Salz und Pfeffer abschmecken. Nudeln abgießen und abtropfen lassen und mit dem Spinat vermischen. Bei Bedarf mit Salz und Pfeffer nachwürzen. Nudeln portionieren und mit Parmesan und Pinienkernen anrichten. Den Schwarzkümmel drüberstreuen.

3.3 Bärlauch-Pesto

Verbessert die Fließeigenschaften des Blutes, hat hohen Vitamin-C-Gehalt, reinigt Magen und Blut, gut bei Arteriosklerose und Bluthochdruck.

Anzahl Portionen: 2
Kalorien p. Portion 796
Gramm p. Portion 165,65
Kochdauer ca. 10 Min.
Allergene: G
(Kohlehydrat:4,31% / Eiweiß & Fett:95,69%)
100g.≈ Eiweiß 14,02g. Fett:82,66g.
µg. - Ph:81,99 Na:64,48 Ka:108,53 Mg:26,4 Ca:78,93 Fe:1,31 Zn:0,29 Col.:1,95 Hsr.:2,53

Zutaten:
Bärlauch (Knoblauchspinat) 125 g. / 125g. (ja)
Parmesan 30 g. / 30g. (ja)
Pinienkerne 50 g. / 50g. (ja)
Olivenöl 125 g. / 125g. (ja)
Salz 1 Prise / 1g. (ja)
Pfeffer gemahlen 1 Prise / 0,3g. ()

Kochanleitung:
Frischer Bärlauch: Bärlauchblätter waschen, vorsichtig abtrocknen und in feine Streifen schneiden. Getrockneter Bärlauch: ca. 80 g in 40 ml Wasser 10 Min. quellen lassen. Pinienkerne vorsichtig hellbraun anrösten und mit einem großen Messer sehr fein schneiden oder in einer Mühle reiben. Einige der Kerne zum Garnieren aufheben. Alle Zutaten in ein hohes Gefäß geben und mit einem Mixstab zerkleinern und vermischen. Das Pesto in eine Schüssel oder in ein Glas füllen und im Kühlschrank aufbewahren (Tage bis Wochen haltbar). Man kann Bärlauch-Pesto als Soße zu Spaghetti essen; es schmeckt aber auch zu Kartoffeln oder auf Brot sehr gut.

3.4 Beerentraum

Gut bei akuter oder chronischer Verstopfung. Stärkt Immunsystem, aktiviert Zellstoffwechsel.

Anzahl Portionen: 2
Kalorien p. Portion 274
Gramm p. Portion 285,5
Kochdauer ca. 10 min.
Allergene: G
(Kohlehydrat:55,2% / Eiweiß & Fett:44,8%)
100g.≈ Eiweiß 12,38g. Fett:16,07g.
µg. - Ph:47,05 Na:13,49 Ka:107,63 Mg:16,72 Ca:43,08 Fe:0,78 Zn:0,27 Col.:15,36 Hsr.:5,89

Zutaten:
Kokosraspeln 2 EL / 20g. (ja)
Kardamom 1 TL (Pulver) / 2g. (ja)
Salz 1 Prise / 1g. (ja)
Schafmilch Joghurt 250 ml. / 250g. (empfehlenswert)
Beeren der Saison 250 g. / 250g. (ja)
Schokolade 1 Rippe bittere 70% / 8g. (ja)
Honig 1 EL / 10g. (ja)
Amaranth POPS 4 EL / 30g. (empfehlenswert)

Kochanleitung:
Die Bitterschokolade reiben oder mit einem Messer grob zerhacken. Die Beeren waschen, trocken tupfen und einige Beeren zur Seite legen. Das Schafmilch-Joghurt in einer Schüssel mit der Schokolade, den Kokosraspeln, dem Kardamompulver und der Prise Salz verrühren. Die Beeren auf zwei Schüsseln verteilen und mit Joghurt bedecken. Mit den restlichen Beeren und Amaranth Pops garnieren. Bei Bedarf mit Honig süßen.

3.5 Blattsalat mit Frischkäse

Die Bitterstoffe besitzen eine galle- und harntreibende Wirkung und fördern die Durchblutung im Verdauungstrakt mit deutlicher Verbesserung der gesamten Verdauungsfunktion. Senf verbessert Schilddrüsenfunktion und lindert rheumatische Beschwerden.

Anzahl Portionen: 1
Kalorien p. Portion 802
Gramm p. Portion 260,5
Kochdauer ca. 5 min.
Allergene: AFM
(Kohlehydrat:20,86% / Eiweiß & Fett:79,14%)
100g.≈ Eiweiß 22,11g. Fett:52,98g.
µg. - Ph:138,56 Na:312,5 Ka:257,23 Mg:28,83 Ca:84,45 Fe:0,54 Zn:0,48 Col.:0,06 Hsr.:14,62

Zutaten:
Blattsalate (bitter) 2 Portionen / 60g. (ja)
Frischkäse aus Soja 150 g. / 150g. (empfehlenswert)
Senf 1 Messerspitze / 1g. (ja)
Zitrone Saft 1 Schuss / 3g. (ja)
Salz 1 Prise / 1g. (ja)
Pfeffer gemahlen 1 Prise / 0,5g. ()
Kräuter verschiedene 2 TL / 4g. (ja)
Schwarzkümmel 1 Prise / 1g. (ja)
Vollkornbrot 2 Scheiben / 40g. (ja)

Kochanleitung:
Blattsalat waschen und klein zupfen. 150 g Frischkäse, etwas Senf, einen Spritzer Zitronensaft, 1 Zehe Knoblauch, gehackte frische Kräuter, eine Prise Pfeffer und zerstoßenen Schwarzkümmel verrühren und über den Salat geben. Dazu Vollkornbrot reichen.

3.6 Bohnenpasta pikant süß

Harntreibend, senkt den Cholesterinspiegel, beugt Arteriosklerose vor, antioxidativ, fördert Verdauung, hilft Fett zu verdauen, senkt Blutdruck.
Anzahl Portionen: 1
Kalorien p. Portion 311
Gramm p. Portion 236
Kochdauer ca. 1 Stunde
Allergene: MO
(Kohlehydrat:60% / Eiweiß & Fett:40%)
100g.≈ Eiweiß 30,04g. Fett:25,6g.
µg. - Ph:193,06 Na:57,14 Ka:452,19 Mg:77,53 Ca:58,65 Fe:3,77 Zn:0,65 Col.:0,08 Hsr.:68,19

Zutaten:
Schwarze Bohnen 1 Tasse / 120g. (ja)
Ingwer frisch 2 cm. / 3g. (ja)
Boxhornkleesamen 1/2 TL / 2g. (ja)
Tomatenmark 1 EL / 10g. (ja)
Olivenöl 2 EL / 20g. (ja)
Kürbiskernöl 1 Schuss / 3g. (ja)
Senf 1 Messerspitze / 1g. (ja)
Rettich Meerrettich (Kren) 1 TL gerieben / 2g. (ja)
Pfeffer gemahlen 1 Prise / 0,5g. ()
Knoblauch 2 Zehen / 3g. (ja)
Salz 1 Prise / 1g. (ja)
Zucker Melasse 2-3 EL / 20g. (ja)
Zitrone Schale 1/2 Stück / 1g. (ja)
Wasser 2 Tassen / 50g. (ja)

Kochanleitung:
Bohnen mit Gewürzen und Ingwer kochen, Wasser abgießen und pürieren. Mit Gewürzen abschmecken und mit Zuckerrübensirup und Zitronenschale verfeinern.

3.7 Brokkoli-Parmesan-Aufstrich auf Toastbrot

Fördert Blutgerinnung, Schilddrüsenfunktion und Eigenaufbau von Vitamin B12. Immun- und abwehrsteigernd, löst Stagnation. Gut bei Aufstoßen, Diabetes, akuter oder chronischer Verstopfung, Appetitlosigkeit.
Anzahl Portionen: 2
Kalorien p. Portion 148
Gramm p. Portion 170,5
Kochdauer ca. 15 Min.

Allergene: AG
(Kohlehydrat:29% / Eiweiß & Fett:71%)
100g.≈ Eiweiß 12,1g. Fett:11,33g.
µg. - Ph:34,79 Na:27,37 Ka:60,2 Mg:5,76 Ca:40,04 Fe:0,24 Zn:0,19 Col.:1,88 Hsr.:6,09

Zutaten:
Brokkoli 200 g / 200g. (ja)
Topfen (Quark) 20% 80 g. / 80g. (empfehlenswert)
Joghurt (natur, 1,5 % Fett) 1 EL / 10g. (empfehlenswert)
Parmesan 2 EL / 15g. (ja)
Zitrone Schale 1/2 TL / 1g. (ja)
Basilikum (frisch) 1 EL / 5g. (ja)
Lauchzwiebel Schnittlauch 1 EL / 5g. (ja)
Salz 1 Prise / 1g. (ja)
Pfeffer gemahlen 1 Prise / 0,3g. ()
Toastbrot (Vollkorn) 6 Scheiben / 24g. (ja)

Kochanleitung:
Brokkoli zugedeckt in einem Siebeinsatz über Wasserdampf in 8 Min. bissfest garen und fein hacken. Quark, Joghurt, Parmesan und Zitronenschale gut verrühren und mit dem Brokkoli, Basilikum und Schnittlauch vermischen. Den Aufstrich mit Salz und Pfeffer abschmecken und auf dem knusprig getoasteten Brot servieren.

3.8 Bulgur mit Tomaten und frischen Kräutern

Fördert Verdauung, hilft Fett zu verdauen, harntreibend, senkt Blutdruck, zieht Adern zusammen, vergrößert Herzkranzgefäße, zieht Gebärmutter zusammen.
Anzahl Portionen: 1
Kalorien p. Portion 205
Gramm p. Portion 244
Kochdauer ca. 30 min.
Allergene: A
(Kohlehydrat:71% / Eiweiß & Fett:29%)
100g.≈ Eiweiß 14,92g. Fett:22,17g.
µg. - Ph:136,51 Na:6,27 Ka:256,14 Mg:48,22 Ca:20,11 Fe:1,82 Zn:1,3 Col.:0,08 Hsr.:78,86

Zutaten:
Bulgur (Getreide) 1 Tasse / 120g. (empfehlenswert)
Tomate 2 Stück / 70g. (ja)
Rucola Rauke 2 EL / 16g. ()
Paprika (Rosenpaprikapulver) 1 Prise / 2g. (ja)
Olivenöl 2 EL / 20g. (ja)
Pfeffer gemahlen 1 Prise / 0,5g. ()

Salz 1 Prise / 1g. (ja)
Basilikum 4 Blätter / 2g. (ja)
Thymian 1 Zweig / 3g. (ja)
Zitrone Saft 1/2 Stück / 10g. (ja)

Kochanleitung:
Kaltes Wasser in einem Topf aufsetzen, Bulgur hineinstreuen und gar köcheln. Kleingeschnittene Tomaten, frische Kräuter wie Basilikum und Thymian, Rucola, eine Prise Rosenpaprika, Zitronensaft, einen Schuss Olivenöl, etwas gemahlenen Pfeffer und etwas Salz unterrühren. Empfehlung: Ideale Morgenmahlzeit im Sommer, aber auch gut geeignet als Abendmahlzeit, insbesondere bei Schlafstörungen.

3.9 Couscous mit Datteln, Kokos und Mandelmus

Stoppt Durchfall, fördert Verdauung, Appetit anregend.
Anzahl Portionen: 3
Kalorien p. Portion 484
Gramm p. Portion 283,47
Kochdauer ca. 10 Min.
Allergene: AHO
(Kohlehydrat:69,98% / Eiweiß & Fett:30,02%)
100g.≈ Eiweiß 11,94g. Fett:18,56g.
µg. - Ph:10,79 Na:17,71 Ka:31,68 Mg:5,23 Ca:5,41 Fe:0,17 Zn:0,07 Col.:0 Hsr.:13,8

Zutaten:
Couscous 2 Tassen / 240g. (ja)
Wasser 4 Tassen / 400g. (ja)
Datteln getrocknet 6 Stück / 20g. (ja)
Kokosflocken 3 EL / 30g. (ja)
Mandelmus 2 EL / 20g. (ja)
Olivenöl 2 TL / 20g. (ja)
Apfel (süß) 1 Stück gerieben / 120g. (ja)
Vanille 1 Messerspitze / 0,2g. (ja)
Chili (Schote oder gemahlen) 1 Prise / 0,2g. (ja)

Kochanleitung:
Couscous mit Olivenöl in eine große Schüssel geben, kochendes Wasser drüber gießen und 10 Min. quellen lassen. Datteln zerkleinern und Apfel reiben. Couscous mit einer Gabel auflockern, Datteln, Kokosflocken, Apfel und Mandelmus untermischen. Süßen nach Geschmack. Gewürze und Aromen: Vanille, wenig Chili.
Wintervariation: Birne Sommervariation: Aprikose, Nektarine

3.10 Couscous-Salat

Bakterizid, beugt Krebs vor, stärkt Magensaftproduktion, fördert Verdauung, regt Leberfunktion an, senkt Blutdruck, stärkt Immunsystem, reduziert Strahlenverletzungen, harntreibend.

Anzahl Portionen: 3
Kalorien p. Portion 338
Gramm p. Portion 285,67
Kochdauer ca. 25 Min.
Allergene: A
(Kohlehydrat:75,44% / Eiweiß & Fett:24,56%)
100g.≈ Eiweiß 12,22g. Fett:7,11g.
µg. - Ph:15,3 Na:17,27 Ka:83,68 Mg:6,5 Ca:21,3 Fe:0,46 Zn:0,07 Col.:0 Hsr.:13,69

Zutaten:
Wasser 250 ml. / 100g. (ja)
Olivenöl 1 EL / 15g. (ja)
Couscous 200 g / 200g. (ja)
Zitrone Saft 3 EL / 30g. (ja)
Zitrone Schale 1 TL / 2g. (ja)
Tomate 2 Stück / 80g. (ja)
Gurke 100 g. / 100g. (ja)
Karotte (Mohrrübe, Möhre) 100 g. / 100g. (ja)
Petersilie 1 Bund / 100g. (ja)
Lauchzwiebel Schnittlauch 1 Bund / 100g. (ja)
Pfefferminze 3 Äste / 30g. (ja)

Kochanleitung:
In einem kleinen Topf 250 ml Wasser mit Salz und 1 EL Olivenöl zum Kochen bringen. Couscous einrühren, vom Herd nehmen und zugedeckt 5 Min. quellen lassen. Couscous zurück auf den Herd stellen und bei milder Hitze weitere ca. 2 Min. unter ständigem leichten Rühren ziehen lassen. Eventuell noch 1-3 EL heißes Wasser untermischen. Couscous mit Zitronensaft, kleingehackter Zitronenschale und 1 EL Öl vermischen, mit Salz und Pfeffer abschmecken und etwas durchziehen lassen. Couscous mit gewürfelten Tomaten und Gurken, geriebenen Karotten, Petersilie, Schnittlauch und Minze (fein gehackt) vermischen. Couscous-Salat mit Zitronensaft, Salz und Pfeffer abschmecken.

3.11 Curryreis mit Rosinen und Nüssen

Stoppt Durchfall, fördert Verdauung, regt Appetit an, harmonisiert Magen, fördert Durchblutung, verbessert Medikamentenwirkung, entschlackt die Haut, regt Nerven an, befreit Atmung, erhöht Körpertemperatur, schweißtreibend.

Anzahl Portionen: 4
Kalorien p. Portion 275
Gramm p. Portion 291
Kochdauer ca. 30 min.
Allergene: HO
(Kohlehydrat:76,19% / Eiweiß & Fett:23,81%)
100g.≈ Eiweiß 3,78g. Fett:8,88g.
µg. - Ph:12,77 Na:2,26 Ka:25,36 Mg:5,82 Ca:3,11 Fe:0,14 Zn:0,02 Col.:0 Hsr.:4,85

Zutaten:
Sonnenblumenöl 1 EL / 15g. (ja)
Zwiebel weiss 1 Stück / 50g. (ja)
Curry 1/2 TL / 2g. (ja)
Reis Wilder (Naturreis) 1 Tasse / 120g. (ja)
Salz 1 Prise / 1g. (ja)
Weißwein 1/8 Liter / 125g. (ja)
Zitrone alternativ für Weißwein / g. (ja)
Paprika (Rosenpaprikapulver) 1 Prise / 1g. (ja)
Apfel (süß) 2 Stück / 300g. (ja)
Rosinen 2 EL / 25g. (ja)
Walnüsse 2 EL / 25g. (ja)
Wasser 6 Tassen / 500g. (ja)

Kochanleitung:
Öl in einem Topf erhitzen und kleingeschnittene Zwiebeln darin glasig dünsten. Curry dazugeben und kurz aufschäumen lassen. Dann rohen Reis einige Minuten bei schwacher Hitze unter ständigem Rühren darin anbraten. Salz, einen Schuss Weißwein oder Zitronensaft, Rosenpaprika, süße Äpfel (kleingeschnitten), Rosinen und gehackte, geröstete Nüsse zufügen. Mit heißem Wasser übergießen, bis alles gut bedeckt ist und köcheln lassen, bis der Reis gar ist. Dazu passt: Karotten-Fenchel-Gemüse, Hülsenfrüchte mit gekochtem Gemüse, geschnetzeltes Geflügel mit Ingwer und Pilzen.

3.12 Erbsengericht

Beruhigt Nerven und Magen, beruhigt Embryo während der Schwangerschaft, stärkt Magen-Darm-Funktion, erweitert Blutgefäße, bakterizid, harntreibend, beugt Krebs vor, beugt Krankheiten vor (bei älteren Menschen).

Anzahl Portionen: 1
Kalorien p. Portion 406
Gramm p. Portion 315
Kochdauer ca. 1-2 Stunden
Allergene: CE
(Kohlehydrat:54% / Eiweiß & Fett:46%)
100g.≈ Eiweiß 27,59g. Fett:11,75g.
µg. - Ph:146,21 Na:79,98 Ka:276,43 Mg:38,5 Ca:42,5 Fe:1,76 Zn:1,28 Col.:75,44 Hsr.:100,54

Zutaten:
Erbsen 150 g. (getrocknete) / 150g. (ja)
Zitrone 1 Stück / 40g. (ja)
Wacholderbeere 5 Stück / 2g. (ja)
Sonnenblumenöl 1 TL / 3g. (ja)
Pfeffer weiss (gemahlen) 1 Prise / 0,3g. (ja)
Lorbeerblatt 3 Blatt / 2g. (ja)
Zwiebel weiss 1 Stück / 50g. (ja)
Thymian 1 TL / 2g. (ja)
Ingwer frisch 1/2 TL / 1g. (ja)
Huhn Ei 1 Stück / 60g. (wenig)
Wakame 3 cm. / 2g. (ja)
Salz 1 Prise / 1g. (ja)
Sojasauce nach Geschmack 1 Schuss / 2g. (ja)

Kochanleitung:
Getrocknete Erbsen in reichlich kaltem Wasser mehrere Stunden oder über Nacht einweichen lassen. Einweichwasser wegschütten und Erbsen gründlich waschen. Die Erbsen mit etwa 1,5 l kaltem Wasser aufsetzen und zum Kochen bringen. 5 Min. ohne Deckel kochen lassen und den Schaum, der sich bildet, abschöpfen. Erst dann folgende Zutaten zugeben: eine Zitronenscheibe, Wacholderbeeren, Öl, Pfefferkörner, Lorbeerblätter, kleingeschnittene Zwiebel, getrockneten Thymian, kleingeschnittenen Ingwer und etwa 2 Streifen Wakame oder 1 EL Hijiki. Nun mit Deckel auf kleinster Stufe 1-2 Std. köcheln lassen. Nach 1 Std. probieren, ob die Erbsen schon weich sind, denn die Garzeit verändert sich mit der Einweichzeit und dem Lageralter. Sind sie gar, Zitronenscheibe, Wacholderbeeren und Pfefferkörner entfernen und mit Salz, Sojasoße und Zitronensaft abschmecken. Hinweis: Das

Gericht kann 3-4 Tage im Kühlschrank aufbewahrt und portionsweise erwärmt werden. Dazu passt: in Wasser gedünstetes knackiges Gemüse, Reis oder Hirse.

3.13 Frischkäseersatz

Gut bei Laktoseintoleranz. Gut bei Abwehrschwäche, Appetitlosigkeit, Arteriosklerose, Blähungen, Blasenschwäche, Blutarmut, Bluthochdruck, Depressionen, Diabetes, Durchfall. Stärkt Körperenergie, fördert Verdauung und Gewichtsabnahme.

Anzahl Portionen: 2
Kalorien p. Portion 526
Gramm p. Portion 328
Kochdauer ca. 20 Min.
Allergene: AE
(Kohlehydrat:63,78% / Eiweiß & Fett:36,22%)
100g.≈ Eiweiß 19,62g. Fett:12,76g.
μg. - Ph:65,08 Na:279,59 Ka:111,24 Mg:19,56 Ca:10,63 Fe:0,82 Zn:0,33 Col.:0 Hsr.:32,32

Zutaten:
Sojabohnenmilch 1 Liter / 300g. (empfehlenswert)
Zitrone 1 Stück / 50g. (ja)
Kräuter verschiedene 2 EL / 6g. (ja)
Vollkornbrot 6 Scheiben / 300g. (ja)

Kochanleitung:
Sojamilch in einen Topf geben, unter gelegentlichem Rühren (brennt leicht an!) zum Kochen bringen und abkühlen lassen. Zitrone auspressen, leicht unter die abgekühlte Sojamilch (ca. 80 Grad) rühren und ca. 20 Min. ruhen bzw. gerinnen lassen. Geronnene Sojamilch durch ein mit dem Geschirrtuch ausgelegtes Sieb gießen, Flüssigkeit ablaufen lassen und danach Restflüssigkeit mit dem Geschirrtuch auspressen. Nach Geschmack mit frischen Kräutern verfeinern. Dazu Vollkornbrot servieren.

3.14 Gegrillte Tomaten mit Käsefüllung

Fördert Verdauung, hilft Fett zu verdauen, harntreibend, senkt Blutdruck, regt Verdauung an.

Anzahl Portionen: 2
Kalorien p. Portion   469
Gramm p. Portion   319,5
Kochdauer ca.   30 Min.
Allergene: ACG
(Kohlehydrat:38% / Eiweiß & Fett:62%)
100g.≈ Eiweiß 18,89g. Fett:30,98g.
µg. - Ph:25,05 Na:101,57 Ka:41,33 Mg:3,14 Ca:21,11 Fe:0,17 Zn:0,12 Col.:13,64 Hsr.:4,36

Zutaten:
Tomate 8 Stück / 200g. (ja)
Schafskäse 75 g. / 75g. (empfehlenswert)
Frischkäse 75 g. / 75g. (ja)
Huhn Ei 1 Stück / 60g. (wenig)
Olivenöl 1 EL / 12g. (ja)
Basilikum (frisch) 1 EL / 6g. (ja)
Salz 1 Prise / 1g. (ja)
Pfeffer gemahlen 1 Prise / 0,5g. ()
Oliven 30 g. / 30g. (ja)
Rucola Rauke 10 dag. / 100g. ()
Weißbrot (Weizenbrot) 4 Scheiben / 80g. (ja)

Kochanleitung:
Tomaten großzügig aushöhlen und in eine Auflaufform setzen. Käse, Olivenöl, Ei, gehackten Basilikum und Mehl verrühren, mit Salz und Pfeffer würzen und in die Tomaten füllen .Im vorgeheizten Ofen bei 210 Grad auf der mittleren Schiene 15 Min. backen, dann den Backofengrill zuschalten und weitere 3 Min. übergrillen (ohne Umluft). Die Oliven entsteinen, hacken und auf die Tomaten streuen. Tomaten mit Rucola garnieren und mit Weißbrot servieren.

3.15 Gemüsenudeln mit Tomatensugo

Schont die Verdauungsorgane, entgiftet. Gut bei Appetitlosigkeit, Blähungen, Darmentzündung, Fettsucht, Gicht, Magengeschwür, Magenkrämpfen, Rheuma, Sodbrennen, Zwölffingerdarmgeschwür. Fördert Verdauung, hilft Fett zu verdauen.

Anzahl Portionen: 2
Kalorien p. Portion 562
Gramm p. Portion 281,1
Kochdauer ca. 45 Min.
Allergene: ACG
(Kohlehydrat:69,56% / Eiweiß & Fett:30,44%)
100g.≈ Eiweiß 14,06g. Fett:21,69g.
µg. - Ph:42,24 Na:6,41 Ka:89,19 Mg:16,12 Ca:13,53 Fe:0,61 Zn:0,2 Col.:8,37 Hsr.:36,02

Zutaten:
Tomate 125 g. / 125g. (ja)
Karotte (Mohrrübe, Möhre) 1 Stück / 80g. (ja)
Zucchini 1 Stück / 80g. (ja)
Olivenöl 1 EL / 15g. (ja)
Zwiebel Schalotte 1 Stück / 20g. (ja)
Oregano getrocknet 1 Prise / 1g. (ja)
Salz 1 Prise / 1g. (ja)
Pfeffer gemahlen 1 Prise / 0,2g. ()
Nudeln (Weizen) mit Ei 200 g. / 200g. (ja)
Olivenöl 1 EL / 10g. (ja)
Creme fraiche 2 EL / 30g. (ja)

Kochanleitung:
Tomaten in wenig Wasser kochen, beim Abgießen den Saft auffangen und die Tomaten in Stücke schneiden . Zucchini und Karotte grob raspeln. Olivenöl in einem beschichteten Topf erhitzen und Schalotten darin sehr weich dünsten. Tomaten zugeben, mit Oregano, Salz und Pfeffer würzen und zu einer dicken Soße einköcheln lassen. Reichlich Salzwasser zum Kochen bringen und die Nudeln darin bissfest kochen. In der Zwischenzeit das Olivenöl in einer beschichteten Pfanne erhitzen, die Karottenraspel darin unter Rühren anbraten und leicht salzen. Zucchiniraspel zugeben und ebenfalls unter Rühren kurz anbraten. Das Gemüse soll noch Biss haben. Nudeln abgießen, abtropfen lassen, mit Crème fraîche vermischen und abschmecken mit Salz und Pfeffer. Mit der Tomatensoße garnieren.

3.16 Geröstete Nüsse

Löst Steine, stärkt Milz und Magen, hilft bei Depressionen.
Anzahl Portionen: 2
Kalorien p. Portion 973
Gramm p. Portion 150
Kochdauer ca. 5 Min.
Allergene: H
(Kohlehydrat:17% / Eiweiß & Fett:83%)
100g.≈ Eiweiß 22,6g. Fett:85,5g.
µg. - Ph:97,58 Na:1,75 Ka:142,42 Mg:45 Ca:29,42 Fe:0,87 Zn:0,78 Col.:0 Hsr.:5,83

Zutaten:
Haselnüsse 100 g. / 100g. (ja)
Cashewnüsse 100 g. / 100g. (ja)
Walnüsse 100 g. / 100g. (ja)

Kochanleitung:
Nüsse in einer Pfanne ca. 5 Min. rösten.

3.17 Gersten-Gemüse-Suppe

Nährt Blut, harntreibend, entgiftet, stärkt Milz und Leber, senkt Blutdruck, bakterizid, stärkt Immunsystem, beugt Krebs vor, reduziert Strahlenverletzungen, fördert Verdauung, hilft Fett zu verdauen, harmonisiert Stoffwechsel.
Anzahl Portionen: 3
Kalorien p. Portion 281
Gramm p. Portion 304
Kochdauer ca. 2 Stunden
Allergene: AGL
(Kohlehydrat:73% / Eiweiß & Fett:27%)
100g.≈ Eiweiß 11,93g. Fett:5,74g.
µg. - Ph:9,75 Na:1,36 Ka:21,85 Mg:3,27 Ca:3,09 Fe:0,14 Zn:0,08 Col.:0,09 Hsr.:9,52

Zutaten:
Gerste 1 Tasse / 120g. (ja)
Shiitake, getrocknet 4 g. / 4g. (ja)
Zwiebel Schalotte 1 Stück / 20g. (ja)
Cumin (Kreuzkümmel) 1 Messerspitze / 0,5g. (ja)
Sonnenblumenöl 1 EL / 10g. (ja)
Wasser 300 ml / 250g. (ja)
Sellerie Stangensellerie 2 Äste / 20g. (ja)
Erbse, grün 250 g. / 250g. (ja)
Tomate 1 Stück / 50g. (ja)
Karotte (Mohrrübe, Möhre) 2 Stück / 150g. (ja)
Stangenbohnen (Fisolen) 1 Handvoll / 30g. (ja)

Salz 1 Prise / 1g. (ja)
Pfeffer gemahlen 1 Prise / 0,5g. ()
Petersilie 1 TL / 3g. (ja)
Butter Bio 1 TL / 3g. (ja)

Kochanleitung:
Gerste am Abend einweichen. Am nächsten Tag die Pilze separat einweichen. Zwiebel und Cumin in Öl bräunen, dann mit Wasser aufkochen. Das kleingeschnittene Gemüse, etwas Salz, die Gerste und die Shiitakepilze hinzufügen und alles zu einer dicken Suppe weich kochen. Am Ende mit Pfeffer, Petersilie und etwas Butter abschmecken.

3.18 Gerstenschrotsuppe

Harntreibend, stärkt Magen, befeuchtet Darm, regt Leberfunktion an, antioxidativ, fördert Verdauung, entgiftet, reduziert Blutfett, regt an, löst Stagnation.

Anzahl Portionen: 2
Kalorien p. Portion 265
Gramm p. Portion 201
Kochdauer ca. 25 Min.
Allergene: A
(Kohlehydrat:75,62% / Eiweiß & Fett:24,38%)
100g.≈ Eiweiß 8,17g. Fett:6,42g.
µg. - Ph:56,06 Na:4,73 Ka:103,77 Mg:19,04 Ca:16,65 Fe:0,63 Zn:0,22 Col.:0,01 Hsr.:17,61

Zutaten:
Gerste 1 Tasse / 120g. (ja)
Salz 1 Prise / 1g. (ja)
Ingwer frisch 1/2 TL / 1g. (ja)
Olivenöl 1 EL / 10g. (ja)
Petersilie 3 EL / 30g. (ja)
Wasser 2 Tassen / 240g. (ja)

Kochanleitung:
Gerste in der Pfanne trocken rösten, anschließend zu Schrot mahlen und mit Wasser, etwas Salz und Ingwer zu einem Brei kochen. Vor dem Servieren Öl und Petersilie unterheben. Variante: Man kann dem Gericht einen noch besseren Geschmack verleihen, indem man es mit vorbereiteter Gemüse- oder Fleischbrühe kocht.

3.19 Gewürzkuchen mit Datteln

Beruhigt Nerven und Magen, fördert Durchblutung. Gut bei Appetitlosigkeit, Blähungen, Darmentzündung, Fettsucht, Gicht, Magengeschwür, Magenkrampf, Rheuma, Sodbrennen.

Anzahl Portionen: 4
Kalorien p. Portion 808
Gramm p. Portion 232,5
Kochdauer ca. 1 1/2 Stunden
Allergene: ACGO
(Kohlehydrat:71% / Eiweiß & Fett:29%)
100g.≈ Eiweiß 14,11g. Fett:32,91g.
µg. - Ph:38,49 Na:13,51 Ka:54,99 Mg:9,73 Ca:10,38 Fe:0,48 Zn:0,07 Col.:4,87 Hsr.:12,86

Zutaten:
Sonnenblumenöl 100 ml. / 100g. (ja)
Zucker (weiß, aus Rüben) 200 g / 200g. (ja)
Kuhmilch (Vollmilch 3,5 % Fett) 100 ml. / 100g. (ja)
Weizen Mehl 250 g. / 250g. (ja)
Kakao 40 g. / 40g. (ja)
Datteln getrocknet 50 g. / 50g. (ja)
Huhn Ei 3 Stück / 180g. (wenig)
Nelke 1/2 TL / 1g. (ja)
Zimtpulver 1 1/2 tl / 3g. (ja)
Muskatnuss 1 Prise / 0,5g. (ja)
Backpulver 1/2 Packung / 1,5g. (ja)
Butter Bio 1 TL / 2g. (ja)
Weizen Mehl 1 TL / 2g. (ja)

Kochanleitung:
Die Eier trennen, Eiweiß steif schlagen und beiseite stellen. Öl, Zucker und Eigelb in eine Schüssel geben und schaumig rühren. Mehl, Kakao und Backpulver zufügen, durchrühren und die Milch nach und nach unterrühren. Nun die kleingehackten Datteln und die Gewürze (die Nelken gemahlen) zur Masse geben und auf kleinster Stufe mit dem Handrührgerät einrühren. Jetzt das steif geschlagene Eiweiß löffelweise vorsichtig mit einem Löffel unterheben und den Teig in eine gefettete, bemehlte Form füllen und 70 Min. bei 200 Grad backen.

3.20 Grießklößchensuppe

Senkt Blutdruck, bakterizid, stärkt Immunsystem, beugt Krebs vor, reduziert Strahlenverletzungen, löst Stagnation, fördert Gewichtsabnahme. Gut bei Abwehrschwäche, Appetitlosigkeit, Blähungen, Bluthochdruck, Depressionen, Diabetes, Durchfall.

Anzahl Portionen: 3
Kalorien p. Portion 287
Gramm p. Portion 235,67
Kochdauer ca. 60 Min.
Allergene: ACGLO
(Kohlehydrat:74% / Eiweiß & Fett:26%)
100g.≈ Eiweiß 12,68g. Fett:16,24g.
µg. - Ph:7,29 Na:3,79 Ka:6,29 Mg:7,72 Ca:17,64 Fe:0,11 Zn:0,11 Col.:5,65 Hsr.:2,66

Zutaten:
Butter Bio 40 g. / 40g. (ja)
Huhn Ei 1 Stück / 65g. (wenig)
Salz 1 Prise / 1g. (ja)
Pfeffer gemahlen 1 Prise / 0,5g. ()
Muskatnuss 1 Prise / 1g. (ja)
Weizen Gries 80 g. / 80g. (ja)
Grundrezept für eine Rinderbrühe wärmend 1/2 Liter / 500g. (wenig)
Petersilie 1 EL / 10g. (ja)
Lauchzwiebel Schnittlauch 1 EL / 10g. (ja)

Kochanleitung:
Die Zutaten für die Grießklößchen zu einem festen Teig kneten und 30 Min. quellen lassen. Die Brühe erhitzen. Dann mit einem Löffel Klößchen ausstechen, in die Brühe geben und ca. 20 Min. ziehen lassen. Vor dem Servieren gehackte Petersilie und in feine Röllchen geschnittenen Schnittlauch einstreuen.

3.21 Grundrezept für eine Hühnerbrühe

Stärkt Blut, baut Milz und Magen auf, stärkt Knochenmark, senkt Blutdruck, bakterizid, stärkt Immunsystem, beugt Krebs vor, reduziert Strahlenverletzungen, fördert Schwitzen, löst Stagnation. Gut bei Appetitlosigkeit und Blähungen.

Anzahl Portionen: 9
Kalorien p. Portion 90
Gramm p. Portion 244,89
Kochdauer ca. 2-3 Stunden
Allergene: L
(Kohlehydrat:10,44% / Eiweiß & Fett:89,56%)
100g.≈ Eiweiß 15,69g. Fett:11,57g.
µg. - Ph:7,72 Na:5,27 Ka:16,86 Mg:1,2 Ca:3,41 Fe:0,1 Zn:0 Col.:0,25 Hsr.:8,27

Zutaten:
Huhn Fleisch 1/2 Stück / 600g. (wenig)
Karotte (Mohrrübe, Möhre) 2 Stück / 150g. (ja)
Lauch (Porree) 1 Stange / 45g. (ja)
Sellerie Knolle 1 Stück / 500g. (ja)
Ingwer frisch 2 Scheiben / 2g. (ja)
Bockshornklee 1 TL / 2g. (ja)
Wacholderbeere 1 TL / 3g. (ja)
Lorbeerblatt 3 Stück / 2g. (ja)
Wasser 1 Liter / 900g. (ja)

Kochanleitung:
Hühnerteile von Fett befreien, in einen Topf mit heißem Wasser geben, kurz aufkochen lassen und entstehenden Schaum abschöpfen. Grob geschnittenes Gemüse und alle Gewürze zugeben und 2-3 Std. bei mittlerer Hitze kochen, dann alles abseihen. Tipp: Wenn Sie das Fleisch als Suppeneinlage verwenden möchten, bereits nach 45 Min. herausnehmen und nur die Knochen in der Suppe lassen.

3.22 Grundrezept für eine nahrhafte Gemüsebrühe

Senkt Blutdruck und Blutfett, bakterizid, stärkt Immunsystem, beugt Krebs vor, stärkt Magen, löst Stagnation, fördert Gewichtsabnahme, hilft bei Appetitlosigkeit, Blähungen, Bluthochdruck, Depressionen, Diabetes, Durchfall.

Anzahl Portionen: 5
Kalorien p. Portion   48
Gramm p. Portion   240,6
Kochdauer ca.   2-3 Stunden
Allergene: L
(Kohlehydrat:71,3% / Eiweiß & Fett:28,7%)
100g.≈ Eiweiß 1,57g. Fett:1,31g.
µg. - Ph:4,86 Na:3,67 Ka:25,68 Mg:1,8 Ca:6,32 Fe:0,1 Zn:0,01 Col.:0 Hsr.:2,78

Zutaten:
Olivenöl 1 EL / 4g. (ja)
Zwiebel weiss 1 Stück / 60g. (ja)
Karotte (Mohrrübe, Möhre) 3 Stück / 200g. (ja)
Pastinake 150 g. / 150g. (ja)
Sellerie Knolle 1 Tasse / 100g. (ja)
Ingwer frisch 1/2 TL / 2g. (ja)
Zitrone 1/2 Stück / 25g. (ja)
Wacholderbeere 6 Stück / 6g. (ja)
Thymian getrocknet 1 Prise / 1g. (ja)

Liebstöckel 1 EL / 3g. (ja)
Lorbeerblatt 2 Blätter / 1g. (ja)
Salz 1 Prise / 1g. (ja)
Wasser 3/4 Liter / 650g. (ja)

Kochanleitung:
Gemüse würfelig schneiden. Öl in einem Topf erhitzen, die Zwiebel und das Gemüse darin anbraten, Ingwer und Lorbeer zugeben. Mit kaltem Wasser aufgießen, Zitronensaft zufügen und mit Wacholder, Thymian und Liebstöckel würzen. 2-3 Std. auf kleiner Stufe zugedeckt köcheln lassen. Brühe durch ein Sieb streichen und im Kühlschrank aufbewahren. Sie dient als Suppengrundlage und verfeinert Gemüse, Hülsenfrüchte oder Getreide.

3.23 Grundrezept für eine Rinderbrühe (klar)

Stärkt Muskeln, Sehnen und Knochen, senkt Blutdruck, bakterizid, stärkt Immunsystem, beugt Krebs vor, reduziert Strahlenverletzungen, regt Verdauung an, reduziert Schmerzen, fördert Verdauung. Harntreibend, stillt Blutung. Rosmarin fördert Verdauung.

Anzahl Portionen: 10
Kalorien p. Portion   114
Gramm p. Portion   276
Kochdauer ca.   4-8 Stunden
Allergene: O
(Kohlehydrat:22,24% / Eiweiß & Fett:77,76%)
100g.≈ Eiweiß 12,22g. Fett:4,1g.
µg. - Ph:5,14 Na:3,08 Ka:13,39 Mg:1,06 Ca:2,52 Fe:0,09 Zn:0,01 Col.:0,14 Hsr.:3,57

Zutaten:
Rind Suppenfleisch 500 g. / 500g. (wenig)
Rind Fleischknochen 200 g. / 200g. (ja)
Essig (Rotweinessig) 1 Schuss / 3g. (ja)
Wacholderbeere 8 Stück / 6g. (ja)
Rosmarin 1 Prise / 1g. (ja)
Karotte (Mohrrübe, Möhre) 3 Stück / 210g. (ja)
Pastinake 2 Stück / 300g. (ja)
Lauch (Porree) 1 Stück / 200g. (ja)
Ingwer frisch 1/2 TL / 5g. (ja)
Liebstöckel 1 Stiel / 15g. (ja)
Nelke 2 Stück / 2g. (ja)
Piment 6 Stück / 12g. (ja)
Anis (gemeiner Fenchel) 2 Stück / 1g. (ja)
Salz 1 TL / 5g. (ja)
Wasser 1 1/2 Liter / 1300g. (ja)

Kochanleitung:
Rotweinessig, Wacholderbeeren, Rosmarin, Knochen und Fleisch in Wasser zum Kochen bringen. Karotten, Pastinaken, Lauch, Ingwer, Liebstöckelgrün, Nelken, Piment, Sternanis und etwas Salz zufügen und alles 4-8 Std. köcheln und dann abseihen. Brühe im Kühlschrank aufbewahren.

3.24 Heidelbeer-Quark mit Acaipulver

Hilft bei Körperschwäche, Magendruck, Aufstoßen, Diabetes, akuter oder chronischer Verstopfung und Hautproblemen. Abführend, baut Blut auf, antibakteriell, antioxidativ.

Anzahl Portionen: 2
Kalorien p. Portion 237
Gramm p. Portion 242
Kochdauer ca. 10 Min.
Allergene: GH
(Kohlehydrat:32% / Eiweiß & Fett:68%)
100g.≈ Eiweiß 14,74g. Fett:27,03g.
µg. - Ph:25,9 Na:5,29 Ka:26,12 Mg:2,29 Ca:18,01 Fe:0,1 Zn:0,08 Col.:2,07 Hsr.:2,23

Zutaten:
Heidelbeere 200 g / 200g. (ja)
Orangensaft 2 EL / 10g. (ja)
Ahornsirup 1 EL / 5g. (ja)
Mandeln 1 EL / 5g. (ja)
Topfen (Quark) 20% 250 g. / 250g. (empfehlenswert)
Zucker Ursüße (Zuckerrohr) süß 1 EL / 9g. (ja)
Acaipulver 2 TL / 5g. (ja)
Zimtpulver 1 Prise / 0,5g. (ja)

Kochanleitung:
Die Heidelbeeren in einem Sieb abbrausen und vorsichtig trocken tupfen. Mit Orangensaft und Ahornsirup beträufeln und das Acaipulver unterrühren. Die Mandelstifte in einer Pfanne ohne Fett goldbraun rösten, bis sie duften und auf einem Teller abkühlen lassen. Mit etwas Zimt bestäuben. Quark und Zucker glatt rühren. Abwechselnd mit den marinierten Heidelbeeren in Gläser schichten und mit den Mandelsplittern garnieren.

3.25 Humus

Entspannt bei Brustdruckgefühl, befeuchtet trockene Haut, hilft bei Inkontinenz, wirkt antioxidativ. Regt Leberfunktion an, entgiftet, stimuliert das Immunsystem, regt an, löst Stagnation.

Anzahl Portionen: 2
Kalorien p. Portion 542
Gramm p. Portion 141
Kochdauer ca. 2 Stunden
Allergene: N
(Kohlehydrat:64% / Eiweiß & Fett:36%)
100g.≈ Eiweiß 24,03g. Fett:17,08g.
µg. - Ph:42,31 Na:10,88 Ka:27,9 Mg:26,09 Ca:27,87 Fe:1,27 Zn:0,62 Col.:0,02 Hsr.:75,99

Zutaten:
Kichererbsen 2 Tassen / 240g. (empfehlenswert)
Wakame 1 TL zerrieben / 2g. (ja)
Ingwer frisch 1/4 TL / 1g. (ja)
Rosmarin 1 Prise / 0,5g. (ja)
Sesam Paste (Tahini) 1 EL / 10g. (ja)
Olivenöl 2 EL / 20g. (ja)
Zitrone Saft 1 Spritzer / 2g. (ja)
Wasser nach Bedarf / g. (ja)
Knoblauch 1 Zehe geschabt / 2g. (ja)
Petersilie 1 TL gehackte / 2g. (ja)
Paprika 1 Prise / 0,2g. (ja)
Koriander 1 Prise / 0,2g. (ja)
Kardamom 1 Prise / 0,2g. (ja)
Chili (Schote oder gemahlen) 1 Prise / 0,2g. (ja)
Pfeffer gemahlen 1 Prise / 0,2g. ()
Salz Kräutersalz 1/2 TL / 2g. (ja)

Kochanleitung:
Kichererbsen mindestens 6 Std. einweichen, Einweichwasser weggießen und in frischem Wasser ca. 1-1,5 Std. mit Wakame und Ingwer kochen, erkalten lassen und einige Spritzer Zitronensaft und Petersilie zufügen. Kleingeschnittenen oder gepressten Knoblauch zugeben und mit Pfeffer, je nach Geschmack mehr oder weniger Koriander- und Kardamompulver und etwas Chili würzen und mit Tahin und Olivenöl abrunden. Alle Zutaten pürieren, je nach Konsistenz Wasser zugeben, bis eine geschmeidige Paste entsteht. Auf Getreideküchlein, Cracker oder getoastetes Brot streichen oder zu Salat genießen.

3.26 Hüttenkäse mit gedünstetem Obst

Gut bei Appetitlosigkeit, Schluckstörungen, schwacher Verdauung, harntreibend.

Anzahl Portionen: 2
Kalorien p. Portion 215
Gramm p. Portion 250
Kochdauer ca. 20 Min.
Allergene: G
(Kohlehydrat:40,48% / Eiweiß & Fett:59,52%)
100g.≈ Eiweiß 18,45g. Fett:6,4g.
µg. - Ph:44,6 Na:114,5 Ka:50,9 Mg:3,7 Ca:25,6 Fe:0,11 Zn:0,09 Col.:0,64 Hsr.:3

Zutaten:
Hüttenkäse 300 g. / 300g. (empfehlenswert)
Apfel (sauer) 1 Stück / 100g. (ja)
Birne 1 Stück / 100g. (ja)

Kochanleitung:
Äpfel und Birnen gut waschen, mit Schale klein schneiden und in einem Topf mit Dämpfsieb bissfest garen. Herausnehmen und auskühlen lassen. Hüttenkäse anrichten und Obst darauf verteilen.

3.27 Italienische Gemüse-Bohnen-Suppe

Fördert Verdauung, hilft Fett zu verdauen, harntreibend, senkt Blutdruck, regt Blutproduktion und Stoffwechsel an, baut Fett ab, wirkt bakterizid, stärkt Immunsystem.

Anzahl Portionen: 4
Kalorien p. Portion 204
Gramm p. Portion 265,25
Kochdauer ca. 1 Stunde
Allergene: L
(Kohlehydrat:35% / Eiweiß & Fett:65%)
100g.≈ Eiweiß 12,31g. Fett:5,92g.
µg. - Ph:6,03 Na:1,24 Ka:20,36 Mg:1,96 Ca:2,61 Fe:0,03 Zn:0,01 Col.:0 Hsr.:2,21

Zutaten:
Butterbohnen weiße 200 g. / 200g. (ja)
Zwiebel Schalotte 1 Stück / 20g. (ja)
Karotte (Mohrrübe, Möhre) 1 Stück / 70g. (ja)
Olivenöl 2 EL / 20g. (ja)
Tomate 2 Stück / 80g. (ja)
Sellerie Knolle 10 dag. / 100g. (ja)
Weißkohl/Weißkraut 7 dag. / 70g. (ja)
Endiviensalat 5 dag. / 50g. (ja)
Salz 1 Prise / 1g. (ja)

Pfeffer gemahlen 1 Prise / 0,2g. ()
Wasser 1/2 Liter / 450g. (ja)

Kochanleitung:
Bohnen einweichen und 30 Min. kochen. Zwiebel, Karotte und Sellerie kleingeschnitten in Bratöl andünsten. Tomaten und Wasser zugeben und alles 30 Min. köcheln. In Streifen geschnittenen Weißkohl, Endiviensalat sowie die gekochten Bohnen hineingeben und mit Salz, Pfeffer und Olivenöl abschmecken.

3.28 Joghurt mit Honig und Nüssen

Lindert Schmerzen, entgiftet, bakterizid, fördert Wundheilung. Gut bei akuter oder chronischer Verstopfung des Darmes. Löst Steine.
Anzahl Portionen: 1
Kalorien p. Portion 258
Gramm p. Portion 167
Kochdauer ca. 5 Min.
Allergene: GH
(Kohlehydrat:61% / Eiweiß & Fett:39%)
100g.≈ Eiweiß 6,79g. Fett:12,43g.
µg. - Ph:107,54 Na:38,83 Ka:167,29 Mg:19,4 Ca:104,46 Fe:0,49 Zn:0,54 Col.:10,48 Hsr.:2,16

Zutaten:
Joghurt (natur, 3,5 % Fett) 125 g. / 125g. (empfehlenswert)
Honig 2 EL / 30g. (ja)
Walnüsse 1 EL / 12g. (ja)

Kochanleitung:
Joghurt mit Honig und feingehackten Nüssen mischen.

3.29 Kartoffelcreme mit Kräuter-Frischkäse

Gut bei Appetitlosigkeit, Schluckstörungen, Verstopfung, Blähungen und Übelkeit. Verbessert Verdauung, harntreibend, beugt Krebs vor, stärkt Magensaftproduktion, löst Stagnation, entkrampft und beruhigt.
Anzahl Portionen: 2
Kalorien p. Portion 217
Gramm p. Portion 218,5
Kochdauer ca. 25 Min.
Allergene: G
(Kohlehydrat:14% / Eiweiß & Fett:86%)
100g.≈ Eiweiß 8,76g. Fett:11,22g.
µg. - Ph:18,66 Na:18,04 Ka:73,64 Mg:4,87 Ca:13,9 Fe:0,13 Zn:0,09 Col.:4,84 Hsr.:2,24

Zutaten:
Kartoffel (mehlige) 250 g. / 250g. (ja)
Frischkäse 80 g. / 80g. (ja)
Joghurt (natur, 1,5 % Fett) 3 EL / 45g. (empfehlenswert)
Lauchzwiebel Schnittlauch 1/2 Bund / 50g. (ja)
Basilikum (frisch) 1 TL / 4g. (ja)
Petersilie 1 TL / 4g. (ja)
Dill 1/2 TL / 2g. (ja)
Salz 1 Prise / 1g. (ja)
Schwarzkümmel 1 Prise / 0,5g. (ja)
Pfeffer gemahlen 1 Prise / 0,5g. ()

Kochanleitung:
Kartoffeln in der Schale weich kochen, abziehen und durch die Kartoffelpresse drücken. Frischkäse, Joghurt und Kräuter unter die Kartoffeln mischen und mit Salz, zerstoßenem Schwarzkümmel und Pfeffer abschmecken.

3.30 Kartoffeln mit Bärlauch-Quark

Verbessert Verdauung, regeneriert Haut, harntreibend, senkt Cholesterinspiegel, verbessert die Fließeigenschaften des Blutes. Hilft bei Magendruck, Aufstoßen, Diabetes, akuter oder chronischer Verstopfung des Darmes.

Anzahl Portionen:　2
Kalorien p. Portion　254
Gramm p. Portion　300,55
Kochdauer ca.　20 Min.
Allergene:　G
(Kohlehydrat:39,12% / Eiweiß & Fett:60,88%)
100g.≈ Eiweiß 17,32g. Fett:25,36g.
µg. - Ph:51,99 Na:11,2 Ka:120,4 Mg:8,19 Ca:31,89 Fe:0,2 Zn:0,1 Col.:1,71 Hsr.:4,02

Zutaten:
Kartoffel 300 g. / 300g. (ja)
Salz 1 Prise / 0,1g. (ja)
Bärlauch (Knoblauchspinat) 2 Handvoll / 30g. (ja)
Topfen (Quark) 20% 250 g. / 250g. (empfehlenswert)
Joghurt (natur, 1,5 % Fett) 2 EL / 20g. (empfehlenswert)
Salz 1 Prise / 1g. (ja)

Kochanleitung:
Kartoffeln in Salzwasser kochen und schälen. Die Bärlauchblätter werden gewaschen, vorsichtig abgetrocknet und in feine Streifen geschnitten. Quark, Joghurt und Salz verrühren und zuletzt den

Bärlauch untermischen. Zu den Kartoffeln servieren. In der Jahreszeit, in der kein Bärlauch wächst, kann das Bärlauch-Pesto verwendet werden.

3.31 Kartoffeln mit Quark-Soße

Verbessert Verdauung, harntreibend, senkt Cholesterinspiegel. Gut bei Körperschwäche, Magendruck, Aufstoßen, Diabetes, akute oder chronische Verstopfung des Darmes, Hautproblemen, gegen Blähungen, krampflösend bei Magen-Darm-Beschwerden.

Anzahl Portionen: 6
Kalorien p. Portion 413
Gramm p. Portion 323,33
Kochdauer ca. 45 Min.
Allergene: G
(Kohlehydrat:38% / Eiweiß & Fett:62%)
100g.≈ Eiweiß 18,46g. Fett:35,24g.
µg. - Ph:3,26 Na:1,14 Ka:7,47 Mg:0,69 Ca:2,52 Fe:0,01 Zn:0,02 Col.:0,18 Hsr.:0,32

Zutaten:
Kartoffel 1 Kg / 1000g. (ja)
Topfen (Quark) 20% 500 g. / 500g. (empfehlenswert)
Sahne, süß 30% 200 g / 200g. (ja)
Edamer 80 g. / 80g. (ja)
Dill 1 Bund / 100g. (ja)
Maiskeimöl 1 TL / 3g. (ja)
Pfeffer gemahlen 1 Prise / 0,2g. ()
Salz 1/2 TL / 1g. (ja)
Sonnenblumenkerne 40 g. / 40g. (empfehlenswert)

Kochanleitung:
Die Kartoffeln waschen und in reichlich Wasser ca. 20 Min. garen. Den Quark mit der Sahne und dem Käse cremig rühren. Die Sprossen waschen und fein hacken. Mit dem gehackten Dill unterrühren (für das Baby 150 g Quark mit dem Öl verrühren). Den Rest mit Pfeffer, Salz und den Sonnenblumenkernen verrühren. Die Kartoffeln schälen, (für das Baby 200 g) und mit dem Quark anrichten.

3.32 Kartoffeltaschen mit Wildkräutern

Stärkt Milz, lindert Entzündungen, verbessert Verdauung, löst Stagnation, entschlackend, reinigt die Nieren, unterstützend bei Prostatabeschwerden. Gut bei Appetitlosigkeit, Blähungen, Darmentzündung. Regt Leberfunktion an, harntreibend.

Anzahl Portionen: 5
Kalorien p. Portion 418
Gramm p. Portion 346,14
Kochdauer ca. 45 Min.
Allergene: ACG
(Kohlehydrat:62,47% / Eiweiß & Fett:37,53%)
100g.≈ Eiweiß 16,88g. Fett:16,11g.
µg. - Ph:22,3 Na:7,21 Ka:58,22 Mg:4,83 Ca:20,61 Fe:0,19 Zn:0,03 Col.:0,78 Hsr.:11,88

Zutaten:
Olivenöl 1 EL / 10g. (ja)
Zwiebel weiss 1 Stück / 50g. (ja)
Knoblauch 1 Stück / 2g. (ja)
Tomatenpüre 400 g. / 400g. (ja)
Salz 1 Prise / 1g. (ja)
Pfeffer gemahlen 1 Prise / 0,5g. ()
Sahne, süß 30% 1 EL / 10g. (ja)
Kartoffel 650 g. / 650g. (ja)
Weizen Mehl 200 g / 200g. (ja)
Huhn Ei 1 Stück / 60g. (wenig)
Salz 1 Prise / 1g. (ja)
Pfeffer gemahlen 1 Prise / 0,5g. ()
Muskatnuss 1 Prise / 0,2g. (ja)
Brennnessel 50 g. / 50g. (ja)
Löwenzahn (junger) 30 g. / 30g. (ja)
Schafgarbe 30 g. / 30g. (ja)
Kerbel getrocknet 10 g. / 10g. (ja)
Spitzwegerichtee 10 g. / 10g. (ja)
Petersilie 50 g. / 50g. (ja)
Olivenöl 1 EL / 10g. (ja)
Knoblauch 1 Stück / 2g. (ja)
Topfen (Quark) 20% 4 EL / 40g. (empfehlenswert)
Mayonnaise 50% 1 EL / 10g. (ja)
Salz Kräutersalz 1/2 TL / 2g. (ja)
Schwarzkümmel 1 Prise / 1g. (ja)
Pfeffer gemahlen 1 Prise / 0,5g. ()
Emmentaler 10 dag. / 100g. (ja)

Kochanleitung:
Tomatensoße: Öl erhitzen und in Würfel geschnittene Zwiebel mit dem zerdrückten Knoblauch darin andünsten. Tomatenpüree zu den Zwiebeln geben, 2 Min. unter Rühren eindicken lassen, mit Salz und Pfeffer würzen, die Sahne zufügen und in eine feuerfeste Form füllen.
Kartoffelteig: Festkochende Kartoffeln gar kochen, schälen und durchpressen. In einer Schüssel mit Mehl, Parmesan, Ei und Gewürzen vermengen. Den Teig auf einer leicht bemehlten Arbeitsfläche ausrollen und in 5 cm große Vierecke schneiden.
Kräuterfüllung: Kräuter hacken und mit Öl, Knoblauch, Quark, Mayonnaise, Kräutersalz, zerstoßenem Schwarzkümmel und Pfeffer zu einer cremigen Masse vermischen. Mit einem Löffel jeweils etwas von der Füllung auf die Teigvierecke geben, zu einem Dreieck zusammenklappen, Ränder festdrücken und die Taschen in reichlich Salzwasser gar ziehen lassen, bis sie oben schwimmen. Auf die Tomaten geben, mit dem geriebenen Käse bestreuen und im Ofen goldbraun überbacken.

3.33 Kichererbsen mit Karotten, Hijiki und Rosinen

Nährend, baut Qi auf, senkt Blutdruck, bakterizid, stärkt Immunsystem, entspannt bei Brustdruckgefühl, befeuchtet trockene Haut, hilft bei Inkontinenz, stärkt Milz, Magen und Muskeln.
Anzahl Portionen: 2
Kalorien p. Portion 429
Gramm p. Portion 320
Kochdauer ca. 45 Min.
Allergene: EGO
(Kohlehydrat:76% / Eiweiß & Fett:24%)
100g.≈ Eiweiß 15,66g. Fett:8,23g.
µg. - Ph:20,87 Na:10,25 Ka:24,99 Mg:10,73 Ca:10,61 Fe:0,46 Zn:0,22 Col.:0,13 Hsr.:21,36

Zutaten:
Kichererbsen 1 Tasse / 120g. (empfehlenswert)
Hijiki 1 EL / 7g. (ja)
Salz 1 Prise / 0,5g. (ja)
Sonnenblumenöl 1 EL / 10g. (ja)
Karotte (Mohrrübe, Möhre) 2 Stück / 160g. (ja)
Rosinen 2 EL / 18g. (ja)
Ingwer frisch 1/2 TL / 2g. (ja)

Cumin (Kreuzkümmel) 1 Prise / 0,2g. (ja)
Zitrone Saft 1 Schuss / 1g. (ja)
Sauerrahm 15% Fett 1 EL / 8g. (wenig)
Sojabohnenmilch 1 Schuss / 1g. (empfehlenswert)
Koriander 1 Prise / 0,2g. (ja)
Sojasauce 1 Schuss / 1g. (ja)
Reis Rundkornreis 1/2 Tasse / 60g. (ja)
Wasser 3 Tassen / 250g. (ja)
Salz 1 Prise / 1g. (ja)

Kochanleitung:
Vorbereitung: Kichererbsen in kaltem Wasser mehrere Stunden oder über Nacht einweichen. Einweichwasser wegschütten und die Kichererbsen in kaltem Wasser aufsetzen. 1 EL Hijiki zufügen und die Kichererbsen bissfest kochen. Am Ende der Kochzeit Salz zugeben.
Separat: Öl in einer Pfanne erhitzen. Kleingeschnittene Karotten (eine größere Menge als Kichererbsen), Rosinen, geriebenen Ingwer, reichlich Cumin und Salz zufügen und leicht braten, bis die Karotten halb gar sind. Dann Kichererbsen und Meeresalgen zugeben, zusammen mit Zitronensaft, etwas Sauerrahm, Kurkuma und Soja- oder Reismilch. Eine Prise Koriander und etwas Sojasoße untermengen und einige Minuten bei schwacher Hitze durchziehen lassen, bis die Karotten gar sind. Rundkornreis mit dem Wasser aufsetzen, salzen und ca. 20 Min. kochen.

3.34 Kürbisklößchen mit Tomaten-Petersiliensoße

Schont die Verdauungsorgane, beruhigt Nerven und Magen, hilft Fett zu verdauen, senkt Blutdruck, regt Leberfunktion an, löst Stagnation. Gut bei Appetitlosigkeit, Blähungen.

Anzahl Portionen: 2
Kalorien p. Portion   381
Gramm p. Portion   277,35
Kochdauer ca.   30 Min.
Allergene: ACG
(Kohlehydrat:60,39% / Eiweiß & Fett:39,61%)
100g.≈ Eiweiß 20,46g. Fett:11,68g.
µg. - Ph:70,84 Na:40,59 Ka:124,45 Mg:12,56 Ca:44,62 Fe:0,87 Zn:0,25 Col.:22,16 Hsr.:24,25

Zutaten:
Hokkaidokürbis 100 g. / 100g. (ja)
Huhn Ei 2 Stück / 120g. (wenig)
Weizen Mehl 100-150 g. / 120g. (ja)
Salz 1 Prise / 1g. (ja)
Pfeffer gemahlen 1 Prise / 0,5g. ()
Muskatnuss 1 Prise / 0,2g. (ja)
Zitrone Schale 1/2 TL / 2g. (ja)
Parmesan 2 EL / 20g. (ja)
Zwiebel Frühlingszwiebel 2 Stück / 40g. (ja)
Tomate 100 g. / 100g. (ja)
Petersilie 1/2 Bund / 50g. (ja)
Salz 1 Prise / 1g. (ja)

Kochanleitung:
Kürbis mit einem scharfen Messer schälen, die Kerne entfernen und das Fruchtfleisch in große Würfel schneiden. Kürbis in Alufolie wickeln und im vorgeheizten Ofen bei 200 Grad 20 Min. backen. Eventuell ausgetretenen Kürbissaft abgießen. Kürbis mit der Gabel fein zerdrücken und mit den Eiern verrühren. So viel Mehl zugeben, bis ein Teig entstanden ist, aus welchem sich Klößchen abstechen lassen. Die Masse mit Zitronenschale, Salz, Pfeffer und Muskat würzen. Mit einem Teelöffel kleine Klößchen abstechen und im kochenden Salzwasser ca. 7 Min. ziehen lassen. In einer Pfanne die Zwiebeln glasig rösten und die Tomatenwürfel, Salz und die gehackte Petersilie kurz mit andünsten. Kürbisklößchen portionsweise mit der Tomaten-Petersilien-Soße anrichten und Parmesan dazu reichen.

3.35 Kürbis-Nockerl mit Parmesan und Petersiliensoße

Schont die Verdauungsorgane. Gut bei Appetitlosigkeit und Blähungen. Beruhigt Nerven und Magen, hilft Fett zu verdauen, senkt Blutdruck, regt Leberfunktion an, löst Stagnation.
Anzahl Portionen: 2
Kalorien p. Portion   431
Gramm p. Portion   268
Kochdauer ca.   30 Min.
Allergene: ACG
(Kohlehydrat:55% / Eiweiß & Fett:45%)
100g.≈ Eiweiß 21,09g. Fett:17,81g.
µg. - Ph:37,02 Na:24,39 Ka:48,4 Mg:5,97 Ca:23,01 Fe:0,36 Zn:0,26 Col.:23,2 Hsr.:11,93

Zutaten:
Hokkaidokürbis 100 g. / 100g. (ja)
Huhn Ei 2 Stück / 120g. (wenig)
Weizen Mehl 100-150 g. / 120g. (ja)
Salz 1 Prise / 1g. (ja)
Pfeffer gemahlen 1 Prise / 0,5g. ()
Muskatnuss 1 Prise / 0,2g. (ja)
Zitrone Schale 1/2 TL / 2g. (ja)
Parmesan 2 EL / 20g. (ja)
Zwiebel Frühlingszwiebel 2 Stück / 40g. (ja)
Tomate 100 g. / 100g. (ja)
Petersilie 1/4 Bund / 15g. (ja)
Salz 1 Prise / 1g. (ja)
Olivenöl 1 EL / 10g. (ja)
Parmesan 1 EL / 7g. (ja)

Kochanleitung:
Den Kürbis mit einem scharfen Messer schälen, die Kerne entfernen und das Fruchtfleisch in große Würfel schneiden. Kürbis in Alufolie wickeln und im vorgeheizten Ofen bei 200 Grad 20 Min. backen. Eventuell ausgetretenen Kürbissaft abgießen. Kürbis mit der Gabel fein zerdrücken und mit den Eiern glatt rühren. So viel Mehl einrühren, dass ein Teig entsteht, aus welchem sich Nockerl abstechen lassen. Die Masse mit Zitronenschale, Salz, Pfeffer und Muskat würzen. Mit einem Teelöffel kleine Nockerl abstechen und in kochendem Salzwasser ca. 7 Min. ziehen lassen. Petersilie fein hacken und mit Olivenöl und Salz verrühren. Die Kürbis-Nockerl portionsweise mit der Petersiliensoße anrichten. Dazu Parmesan reichen.

3.36 Lasagne mit Tofucreme

Harmonisiert Milz und Magen, lindert Blähungen, schont die Verdauungsorgane, wirkt bei Appetitlosigkeit, Darmentzündung, Magengeschwür, Rheuma, Sodbrennen, Zwölffingerdarmgeschwür.
Anzahl Portionen: 4
Kalorien p. Portion 301
Gramm p. Portion   231
Kochdauer ca.   45 Min.
Allergene: ACEG
(Kohlehydrat:49,88% / Eiweiß & Fett:50,12%)
100g.≈ Eiweiß 19,3g. Fett:11,86g.
µg. - Ph:35,07 Na:14,02 Ka:27,57 Mg:16,2 Ca:29,05 Fe:0,36 Zn:0,05 Col.:3,83 Hsr.:15,29

Zutaten:
Soja Tofu 400 g. / 400g. (empfehlenswert)
Huhn Ei 2 Stück / 100g. (wenig)
Zwiebel weiss 2 Stück / 120g. (ja)
Tomate 100 g. / 100g. (ja)
Oregano getrocknet 1 Prise / 1g. (ja)
Majoran 1 Prise / 1g. (ja)
Paprika (Rosenpaprikapulver) 1 Prise / 1g. (ja)
Salz 1 Prise / 1g. (ja)
Nudeln (Weizen, Lasagneblätter) mit Ei 150 g. / 150g. (ja)
Edamer 50 g. / 50g. (ja)

Kochanleitung:
Tofucreme: Tofu mit Eiern, Zwiebeln, kleinen Tomaten, Oregano, Majoran, Paprika und etwas Jodsalz mit einer Küchenmaschine mit Messereinsatz oder einem Pürierstab zu einer glatten Masse verarbeiten. Lasagne: In eine Auflaufform (ca. 25 x 15 cm) 1/5 der Tofucreme geben, mit 3 Lasagneblätter abdecken, diesen Vorgang noch 2 x wiederholen und abschließend das letzte Fünftel der Tofucreme über die Teigplatten streichen. Mit etwas geriebenem Edamer bestreuen und im Backofen bei 175 Grad ca. 30 Min. backen.

3.37 Mungbohnen-Eintopf

Lindert übermäßigen Durst, harntreibend, reduziert Blutfett, lindert Allergien, stärkt Milz, Magen und Muskeln, senkt Cholesterinspiegel, antiparasitär, regt Leberfunktion an, entgiftet.
Anzahl Portionen: 2
Kalorien p. Portion 665
Gramm p. Portion 353,25
Kochdauer ca. 2 Stunden
(Kohlehydrat:62,18% / Eiweiß & Fett:37,82%)
100g.≈ Eiweiß 35,03g. Fett:17,55g
µg. - Ph:97,22 Na:5,17 Ka:54,65 Mg:61,21 Ca:35,64 Fe:0,37 Zn:0,07 Col.:0,01 Hsr.:52,82

Zutaten:
Mungbohne 1/4 Kg. / 300g. (empfehlenswert)
Sonnenblumenöl 3 EL / 30g. (ja)
Amaranth 1/2 TL / 2g. (empfehlenswert)
Fenchelsamen gemahlen 1/2 TL / 2g. (ja)
Cumin (Kreuzkümmel) 1/2 TL / 2g. (ja)
Koriander 1/2 TL / 2g. (ja)
Reis Rundkornreis 1/2 Tasse / 60g. (ja)
Wasser 3 Tassen / 300g. (ja)
Ingwer frisch 2 cm. / 3g. (ja)

Kombualge 3 cm. / 2g. (ja)
Salz 1 Prise / 0,5g. (ja)
Petersilie 1 EL / 3g. (ja)

Kochanleitung:
Mungbohnen über Nacht einweichen. Sonnenblumenöl im Topf erhitzen. Amaranth, Fenchelsamen, Cumin und Koriander einrühren und kurz anrösten. Basmatireis, etwas Ingwer und Mungbohnen zugeben und kurz mitrösten. Wasser aufgießen und aufkochen lassen. Ein Stück Kombu-Alge und Salz zugeben und 1-1,5 Std. köcheln .Mit Petersilie oder Koriander garnieren.

3.38 Nudel-Auflauf mit Quark und Pfirsichen

Lindert Müdigkeit, entspannt, stärkt die Abwehr, beruhigt Nerven und Magen. Gut bei Aufstoßen, akuter oder chronischer Verstopfung, Blähungen, Sodbrennen.

Anzahl Portionen: 4
Kalorien p. Portion 442
Gramm p. Portion 293,5
Kochdauer ca. 1 Stunde
Allergene: ACGO
(Kohlehydrat:65,89% / Eiweiß & Fett:34,11%)
100g.≈ Eiweiß 17,56g. Fett:19,07g.
µg. - Ph:26,04 Na:6,66 Ka:36,6 Mg:4,79 Ca:10,1 Fe:0,19 Zn:0,04 Col.:3,85 Hsr.:9,81

Zutaten:
Pfirsich 500 g. / 500g. (ja)
Nudeln (Weizen, Bandnudeln) mit Ei 200 g / 200g. (ja)
Huhn Ei 2 Stück / 120g. (wenig)
Zucker (Staubzucker) 40 g. / 40g. (ja)
Vanillezucker natur 3 Paket / 3g. (ja)
Zitrone Schale 1/2 Stück / 2g. (ja)
Zimtpulver 1/4 TL / 1g. (ja)
Topfen (Quark) 20% 250 g. / 250g. (empfehlenswert)
Butter Bio 2 TL / 8g. (ja)
Erdbeermarmelade 4 EL / 50g. (ja)

Kochanleitung:
Ofen auf 180 Grad vorheizen. Pfirsiche kurz in kochendes Wasser legen, abtropfen lassen und die Haut abziehen. Pfirsiche in kleine Spalten schneiden. Nudeln in reichlich Salzwasser bissfest kochen, abgießen, kalt abschrecken und abtropfen lassen. Eier trennen. Eigelb mit Puderzucker, Vanillezucker, abgeriebener Zitronenschale und Zimt mit dem Schneebesen schaumig rühren. Quark einrühren und die

Nudeln untermischen. Eiweiß zu festem Schnee schlagen und vorsichtig unter die Nudelmasse heben. Eine Auflaufform dünn mit Butter ausstreichen. Abwechselnd Quark-Nudelmasse und Pfirsichspalten in die Form schichten und mit der Nudelmasse abschließen. Den Auflauf mit Butterflöckchen bestreuen und im vorgeheizten Ofen 30 Min. backen. Portionsweise mit einem Esslöffel Marmelade anrichten.

3.39 Palatschinken mit Spinat und Parmesan

Fördert Ausscheidung und Durchblutung, stärkt Magen, Darm und Immunsystem. Gut bei Appetitlosigkeit, Blähungen, Bluthochdruck, Depressionen, Diabetes, Verstopfung, Darmentzündung.

Anzahl Portionen: 6
Kalorien p. Portion 329
Gramm p. Portion 303
Kochdauer ca. 25 Min.
Allergene: ACGL
(Kohlehydrat:46% / Eiweiß & Fett:54%)
100g.≈ Eiweiß 17,5g. Fett:18,52g.
µg. - Ph:3,27 Na:3,24 Ka:6,47 Mg:0,96 Ca:4,52 Fe:0,05 Zn:0,02 Col.:1,32 Hsr.:1,02

Zutaten:
Vollkornmehl 100 g. / 100g. (ja)
Weizen Mehl 100 g. / 100g. (ja)
Huhn Ei 4 Stück / 200g. (wenig)
Kuhmilch (Vollmilch 3,5 % Fett) 400 ml. / 400g. (ja)
Salz 1 Prise / 1g. (ja)
Sonnenblumenöl 1 EL / 15g. (ja)
Olivenöl 1 EL / 15g. (ja)
Zwiebel weiss 1 Stück / 50g. (ja)
Petersilie 1/2 Bund / 80g. (ja)
Grundrezept für eine Gemüsebrühe nahrhaft 150 ml. / 150g. (ja)
Basilikum (frisch) 1/4 TL / 1g. (ja)
Muskatnuss 1 Prise / 0,3g. (ja)
Creme fraiche 3 EL / 45g. (ja)
Spinat 600 g. / 600g. (ja)
Salz 1 Prise / 1g. (ja)
Pfeffer gemahlen 1 Prise / 0,1g. ()
Parmesan 60 g. / 60g. (ja)

Kochanleitung:
Mehl, Eier, Milch und eine Prise Salz mit dem Schneebesen glatt rühren. Aus dem Teig Palatschinken auf beiden Seiten knusprig braun braten. Öl in einem kleinen Topf erhitzen und kleingeschnittene Zwiebel darin gut weich dünsten. Kleingehackte Petersilie unterrühren und kurz mitdünsten. Mit der Gemüsebrühe (nach Grundrezept) aufgießen, mit Basilikum und Muskat würzen und zugedeckt 15 Min. köcheln lassen. Crème fraîche zugeben und alles fein pürieren. Den gewaschenen tropfnassen Spinat mit etwas Salz in einem geschlossenen Topf bei mäßiger Hitze 3 Min. kochen, in einem Sieb abtropfen lassen und in kleine Stücke schneiden. Spinat in die Soße einrühren und kurz erhitzen. Parmesan untermischen. Die Palatschinken mit dem Rahmspinat füllen.

3.40 Pikante Avocadocreme mit Hüttenkäse

Hilft bei Entzündungen, Schwellungen, Schmerzen und Juckreiz. Stärkt Magen und Verdauungssystem, entgiftet, bakterizid.
Anzahl Portionen: 4
Kalorien p. Portion 613
Gramm p. Portion 271,25
Kochdauer ca. 15 Min.
Allergene: G
(Kohlehydrat:39% / Eiweiß & Fett:61%)
100g.≈ Eiweiß 11,04g. Fett:40,92g.
µg. - Ph:7,44 Na:14,84 Ka:19,28 Mg:1,27 Ca:2,23 Fe:0,03 Zn:0,03 Col.:0,06 Hsr.:1,09

Zutaten:
Avocado 2 Stück / 600g. (ja)
Pfeffer gemahlen 1 Prise / 0,5g. ()
Salz 1 Prise / 1g. (ja)
Zitrone Saft 1/2 Stück / 15g. (ja)
Paprika (Rosenpaprikapulver) 1 Prise / 1g. (ja)
Olivenöl 1 EL / 10g. (ja)
Chili (Schote oder gemahlen) 1 Prise / 0,5g. (ja)
Kräuter verschiedene 1 EL / 7g. (ja)
Hüttenkäse 1 Becher / 250g. (empfehlenswert)
Brot mit Johannisbrotkernmehl 8 Scheiben / 200g. (ja)

Kochanleitung:
Avocadofleisch pürieren und mit reichlich gemahlenem Pfeffer, Zitronensaft, Rosenpaprika, einigen Tropfen Öl, Chili, frischen gehackten Kräutern und einer Prise Salz würzen. Hüttenkäse (etwa

gleiche Menge wie Avocadocreme) vorsichtig untermengen. Passt zu: Kartoffeln und Hirse, mit denen die Avocadocreme in Kombination mit Gemüsegerichten, Hülsenfrüchten oder Blattsalaten eine delikate Mahlzeit ergibt. Eignet sich auch sehr gut als Vorspeise oder als Mitbringsel auf Partys und als Morgenmahlzeit im Sommer, zusammen mit einem milden Gericht aus Linsen oder Adzukibohnen und geraspeltem Rettich.

3.41 Pinienkernmus

Stärkt Stoffwechsel und Muskeln.
Anzahl Portionen: 1
Kalorien p. Portion 236
Gramm p. Portion 35
Kochdauer ca. 5 Min.
(Kohlehydrat:8% / Eiweiß & Fett:92%)
100g.≈ Eiweiß 8,4g. Fett:21g.
µg. - Ph:510 Na:4 Ka:600 Mg:235 Ca:26 Fe:9,2 Zn:4,3 Col.:0 Hsr.:0

Zutaten:
Pinienkerne 3 - 4 EL / 35g. (ja)

Kochanleitung:
In guten Reformhäusern erhältlich.

3.42 Rhabarberkuchen mit Streuseln

Führt ab, senkt Fieber, schont die Verdauungsorgane, entgiftet, wirkt bei Appetitlosigkeit, Blähungen, Darmentzündung. Lindert Schmerzen, bakterizid, hilft bei brüchigen Nägeln und Haaren, bei trockener Haut, Akne und Ekzemen.
Anzahl Portionen: 8
Kalorien p. Portion 476
Gramm p. Portion 239,5
Kochdauer ca. 1 1/2 Stunden
Allergene: AG
(Kohlehydrat:71,96% / Eiweiß & Fett:28,04%)
100g.≈ Eiweiß 12,4g. Fett:15,41g.
µg. - Ph:14,75 Na:1,3 Ka:29,73 Mg:3,75 Ca:5,17 Fe:0,2 Zn:0,02 Col.:0,01 Hsr.:12,08

Zutaten:
Weizen Mehl 400 g. / 400g. (ja)
Kuhmilch (Vollmilch 3,5 % Fett) 250 ml. / 200g. (ja)
Hefe 30 g. / 30g. (ja)
Honig 2 TL / 5g. (ja)
Sonnenblumenöl 2 TL / 5g. (ja)
Zitrone Schale 1 Stück / 3g. (ja)
Salz 1 Prise / 1g. (ja)
Rhabarber 1 Kg / 800g. (ja)
Margarine 120 g. / 120g. (ja)
Weizen Mehl 300 g. / 300g. (ja)
Vanillezucker natur 2 Prisen / 1g. (ja)
Zimtpulver 2 Prisen / 1g. (ja)
Honig 5 EL / 50g. (ja)

Kochanleitung:
Mehl, abgeriebene Zitronenschale und Salz mischen. Milch leicht erwärmen und mit Hefe und Honig verrühren. Mehlgemisch und Öl zugeben und kräftig durchkneten. Den Teig zugedeckt an einem warmen Ort gehen lassen, bis er die doppelte Menge erreicht hat (ca. 30 Min.). Für die Streusel Mehl mit Vanille und Zimt mischen, danach Honig und Margarine zufügen und zu einer krümeligen Masse verarbeiten. Streuselteig noch kühl stellen. Ein Backblech mit Backpapier auslegen. Den Teig für den Boden noch einmal durchkneten, ausrollen, auf das Backblech legen und noch einmal 10 Min. gehen lassen. Den Rhabarber waschen, putzen, längs halbieren und in ca. 3 cm große Stücke schneiden. Die Stücke gleichmäßig auf dem ausgerollten Teig verteilen und die Streusel über den gesamten Kuchen krümeln. Den Kuchen in dem auf 175 Grad vorgeheizten Backofen ca. 40 Min. backen.

3.43 Russische Kasha mit Weißkohl

Fördert Verdauung, lindert Schmerzen, entgiftet, fördert Appetit, löst Stagnation, regt Blutproduktion und Stoffwechsel an, baut Fett ab.
Anzahl Portionen: 2
Kalorien p. Portion 251
Gramm p. Portion 203,5
Kochdauer ca. 30 Min.
Allergene: AG
(Kohlehydrat:81,18% / Eiweiß & Fett:18,82%)
100g.≈ Eiweiß 8,19g. Fett:2,72g.
µg. - Ph:44,68 Na:1,88 Ka:72,81 Mg:16,01 Ca:11,92 Fe:0,6 Zn:0,22 Col.:0,44 Hsr.:24,96

Zutaten:
Buchweizen Vollkorn 1 Tasse / 130g. (ja)
Wasser 2 Tassen / 240g. (ja)
Muskatnuss 1 Prise / 1g. (ja)
Salz 1 Prise / 1g. (ja)
Petersilie 1 EL / 10g. (ja)
Kümmel 1 Prise / 2g. (ja)
Butter Bio 1 TL / 3g. (ja)
Weißkohl/Weißkraut 1 Handvoll / 20g. (ja)

Kochanleitung:
Buchweizen trocken goldgelb rösten. Kochendes Wasser zugießen, kurz aufkochen und dann quellen lassen, bis er weich ist. Weißkohl fein raspeln und unterheben. Mit Muskat und Salz würzen. Am Schluss etwas Petersilie, Kümmel und Butter hinzufügen.

3.44 Sommersalat

Fördert Verdauung, hilft Fett zu verdauen, stärkt Magen, harntreibend, senkt Blutdruck, entgiftet, beugt Krebs vor, zieht Adern zusammen, erweitert Herzkranzgefäße, zieht Gebärmutter zusammen.

Anzahl Portionen: 1
Kalorien p. Portion 281
Gramm p. Portion 211
Kochdauer ca. 10 Min.
Allergene: GMNO
(Kohlehydrat:17% / Eiweiß & Fett:83%)
100g.≈ Eiweiß 9,99g. Fett:24,35g.
µg. - Ph:98,09 Na:400,8 Ka:189,73 Mg:18,19 Ca:141,3 Fe:0,78 Zn:0,5 Col.:7,82 Hsr.:10,55

Zutaten:
Rucola Rauke 1 Handvoll / 15g. ()
Radicchio 1 Kopf / 30g. (ja)
Tomate 2 (gewürfelt) / 100g. (ja)
Olivenöl 1 EL / 10g. (ja)
Oliven 2 EL / 16g. (ja)
Essig Aceto Balsamico 1 EL / 10g. (ja)
Senf mittelscharf 2 TL / 5g. (ja)
Sesam Paste (Tahini) 1 TL / 2g. (ja)
Parmesan 2 EL / 20g. (ja)
Salz 1 Prise / 0,5g. (ja)
Pfeffer gemahlen 1 Prise / 0,2g. ()
Rosmarin 2 TL / 3g. (ja)

Kochanleitung:
Den Salat waschen, klein zupfen und in einer Schüssel anrichten.
Soße: Öl, Balsamico-Essig, Senf und Tahin in ein Glas mit Deckel geben und gut durchschütteln. Mit Salz und Pfeffer abschmecken. Salat mit der Soße und den Oliven mischen, mit Parmesan und zum Schluss mit Rosmarin bestreuen.

3.45 Süßkartoffelpuffer mit Basilikum-Pesto

Stärkt das Immunsystem, baut Fett ab, verbessert die Verdauung, beruhigt Nerven und Magen, löst Steine, fördert Durchblutung, stärkt Muskeln, antioxidativ.

Anzahl Portionen: 3
Kalorien p. Portion 625
Gramm p. Portion 298,67
Kochdauer ca. 30 Min.
Allergene: ACH
(Kohlehydrat:58% / Eiweiß & Fett:42%)
100g.≈ Eiweiß 15,5g. Fett:32,67g.
µg. - Ph:14,41 Na:8,52 Ka:39,8 Mg:4,23 Ca:5,79 Fe:0,17 Zn:0,11 Col.:6,88 Hsr.:2,11

Zutaten:
Süßkartoffel 4 Stück / 500g. (ja)
Zwiebel rot 1/2 Stück / 30g. (ja)
Basilikum 1 EL / 10g. (ja)
Huhn Ei 2 Stück / 140g. (wenig)
Dinkel Vollkornmehl 80 g. / 80g. (empfehlenswert)
Salz 1 Prise / 0,5g. (ja)
Olivenöl 60 ml. / 20g. (ja)
Salz 1 TL (grobes) / 3g. (ja)
Basilikum 1 Handvoll / 15g. (ja)
Petersilie 1 Handvoll / 15g. (ja)
Knoblauch 2 Zehen / 3g. (ja)
Walnüsse 60 g. / 60g. (ja)
Olivenöl 2 EL / 20g. (ja)

Kochanleitung:
Süßkartoffelpuffer: Die Süßkartoffel gründlich waschen und ungeschält in eine große Schüssel raspeln. Zwiebel, Basilikum, Ei und Mehl zugeben, alles gut miteinander vermengen und dann etwas Salz darüberstreuen. Die Mischung ist locker, lässt sich aber zu Puffern formen. Im vorgeheizten Ofen auf einem mit Öl bestrichenen Backblech von beiden Seiten jeweils 4 bis 5 Min. backen. Basilikum-Pesto: Salz, kleingehackten Basilikum und Petersilie sowie den zerdrückten Knoblauch in einer kleinen Schüssel mit einem Löffel verreiben (wenn

vorhanden einen Mörser verwenden). Die geriebenen Walnüsse dazugeben. Unter ständigem Rühren soviel Olivenöl zumengen, bis die gewünschte Konsistenz erreicht wird.

3.46 Tofu-Schwarzbohnen-Chili mit Reis

Harntreibend, senkt den Cholesterinspiegel, beugt Arteriosklerose vor. Zur Entwässerung des Körpers bei Übergewicht und Bluthochdruck, stärkt Immunsystem.

Anzahl Portionen: 4
Kalorien p. Portion 343
Gramm p. Portion 427,75
Kochdauer ca. 45 Min.
Allergene: AEL
(Kohlehydrat:65% / Eiweiß & Fett:35%)
100g.≈ Eiweiß 36,36g. Fett:19,24g.
µg. - Ph:8,2 Na:2,23 Ka:11,79 Mg:4,98 Ca:6,05 Fe:0,14 Zn:0,03 Col.:0,02 Hsr.:3,18

Zutaten:
Rapsöl 60 ml. / 60g. (ja)
Zwiebel weiss 2 Stück / 120g. (ja)
Paprika 1 Stück / 20g. (ja)
Chili (Schote oder gemahlen) 1/2 EL / 3g. (ja)
Pfeffer Cayenne 1 Prise / 0,5g. (ja)
Koriander 1 TL / 2g. (ja)
Thymian 1 TL / 2g. (ja)
Nelke 1 TL / 2g. (ja)
Dinkel Vollkornmehl 2 EL / 16g. (empfehlenswert)
Sherry 1 EL / 8g. (ja)
Soja Tofu 250 g. / 250g. (empfehlenswert)
Schwarze Bohnen 2 Dosen (400g) / 400g. (ja)
Grundrezept für eine Hühnerbrühe wärmend 350 ml. / 300g. (wenig)
Lorbeerblatt 1 Stück / 0,2g. (ja)
Knoblauch 6 Stück / 8g. (ja)
Wasser 6 Tassen / 400g. (ja)
Reis Basmatireis 1 Tasse / 120g. (ja)

Kochanleitung:
Das Öl in einem großen Topf bei mittlerer Temperatur erhitzen. Zwiebeln, Paprika und Chilipulver darin 2 Min. anbraten, bis die Zwiebeln glasig sind. Die übrigen Gewürze zufügen und unter ständigem Rühren mitrösten, bis das Aroma aufsteigt. Das Mehl darüber stäuben, 2 Min. weiter braten und darauf achten, dass die Pasten artige Gewürzmischung nicht anbrennt. Mit Sherry ablöschen, die schwarzen Bohnen (Dose) hineingeben und mit den Gewürzen

verrühren. Mit der Hühnerbrühe aufgießen, das Lorbeerblatt zufügen und den gehackten Knoblauch unterrühren. Bohnen 30 Min. köcheln lassen und bei Bedarf noch etwas Hühnerbrühe aufgießen. Während der letzten 10 Min. die Tofuwürfel mitgaren. Der Tofu kann leicht zerfallen und sollte deshalb sehr behutsam mit einem Holzlöffel untergehoben werden. Zum Schluss das Lorbeerblatt herausfischen und das Chili mit Reis servieren.

3.47 Vanillecreme mit Beeren

Stärkt die Abwehr gegen Pilzinfektionen, abführend, entgiftend, blutreinigend. Gut bei Körperschwäche, chronischer Verstopfung, Gewichtsverlust.

Anzahl Portionen: 4
Kalorien p. Portion 282
Gramm p. Portion 272
Kochdauer ca. 15 Min.
Allergene: G
(Kohlehydrat:27,7% / Eiweiß & Fett:72,3%)
100g.≈ Eiweiß 13,39g. Fett:31,23g.
µg. - Ph:23,97 Na:6,5 Ka:32,71 Mg:3,46 Ca:21,12 Fe:0,1 Zn:0,02 Col.:0,41 Hsr.:1,8

Zutaten:
Topfen (Quark) 20% 400 g. / 400g. (empfehlenswert)
Joghurt (natur, 1,5 % Fett) 150 g. / 150g. (empfehlenswert)
Zucker braun 2 TL / 8g. (ja)
Acerola Fruchtnektar oder Pulver 1 TL / 2g. (ja)
Vanillezucker natur 3 Paket / 3g. (ja)
Sahne, süß 30% 125 g. / 125g. (ja)
Erdbeere 100 g. / 100g. (ja)
Himbeere 100 g. / 100g. (ja)
Brombeere 100 g. / 100g. (ja)
Heidelbeere 100 g. / 100g. (ja)

Kochanleitung:
Quark, Joghurt, Zucker, Acerola und Vanillezucker mit dem Handrührgerät oder Schneebesen glatt rühren. Sahne sehr steif schlagen, unter die Quarkcreme mischen und portionsweise mit den Beeren anrichten.

3.48 Wärmender Haferflockenbrei

Stärkt Abwehrkraft, harntreibend und abführend, liefert Vitamin C, löst Steine, fördert Verdauung, entgiftet, treibt Schweiß, reduziert Blutfett, regt an, löst Stagnation.

Anzahl Portionen: 1
Kalorien p. Portion 357
Gramm p. Portion 214,5
Kochdauer ca. 10 Min.
Allergene: AHO
(Kohlehydrat:72,81% / Eiweiß & Fett:27,19%)
100g.≈ Eiweiß 8,86g. Fett:11,41g.
µg. - Ph:134,8 Na:3,25 Ka:194,19 Mg:50,68 Ca:38,25 Fe:1,57 Zn:1,38 Col.:0 Hsr.:47,55

Zutaten:
Hafer Flocken (Vollkorn) 6 EL / 60g. (ja)
Feige getrocknet 3 Stück / 15g. (ja)
Sternanis 1 Stück / 1g. (ja)
Ingwer frisch 1 Prise / 0,5g. (ja)
Wasser 1 Tasse / 120g. (ja)
Ahornsirup 1 EL / 10g. (ja)
Walnüsse 1 EL gehackte / 8g. (ja)

Kochanleitung:
Trockenfrüchte einweichen. Haferflocken trocken anrösten. Trockenfrüchte, Sternanis oder Zimt und etwas geriebenen Ingwer dazugeben und alles mit Wasser zu einem Brei kochen. Mit Ahornsirup süßen. Walnüsse rösten und vor dem Servieren drüberstreuen.
Wirkung: Der Brei eignet sich gut für die kalte Jahreszeit.

3.49 Zwetschgenkuchen

Entwässert den Körper, regt die Verdauung an, bindet Fette im Darm, lindert Schmerzen, entgiftet, bakterizid, beugt Krebs vor. Gut bei Appetitlosigkeit, Blähungen, Darmentzündung, Fettsucht, Gicht, Magengeschwür, Magenkrampf, Rheuma, Sodbrennen.

Anzahl Portionen: 6
Kalorien p. Portion 503
Gramm p. Portion 307,83
Kochdauer ca. 1 Stunde
Allergene: AG
(Kohlehydrat:71,38% / Eiweiß & Fett:28,62%)
100g.≈ Eiweiß 12,33g. Fett:19,28g.
µg. - Ph:15,91 Na:4,6 Ka:32,67 Mg:3 Ca:5,23 Fe:0,16 Zn:0,02 Col.:0,05 Hsr.:8,3

Zutaten:
Topfen (Quark) 20% 200 g / 200g. (empfehlenswert)
Weizen Mehl 400 g. / 400g. (ja)
Kuhmilch (Vollmilch 3,5 % Fett) 6 EL / 70g. (ja)
Rapsöl 6 EL / 70g. (ja)
Honig 8 EL / 100g. (ja)
Backpulver 1 Paket / 3g. (ja)
Salz 1 Prise / 1g. (ja)
Zimtpulver 1 TL / 3g. (ja)
Zwetschken 1 Kg / 1000g. (ja)

Kochanleitung:
Mehl, Quark, Milch, Öl, Honig, Salz und Backpulver zu einem glatten Teig verrühren. Den Teig 15. Min. kühl stellen und quellen lassen.Auf einem mit Backpapier ausgelegten Backblech den Teig auslegen, die Pflaumen gleichmäßig darauf verteilen und mit dem Zimt bestreuen. Für ca. 40 Min. bei 190 Grad backen.

4 Wirkung der Lebensmittel

4.1 Zutaten verwenden: empfehlenswert

Adzukibohnen
Amaranth
Amaranth POPS
Buchweizen (geröstet) Kasha
Bulgur (Getreide)
Dinkel
Dinkel Brot
Dinkel Flocken
Dinkel Gries
Dinkel Vollkornmehl
Frischkäse aus Soja
Hafer Schmelzlocken (Babynahrung)
Hüttenkäse
Joghurt (natur, 1,5 % Fett)
Joghurt (natur, 3,5 % Fett)
Johannisbrotkernmehl
Kichererbsen
Kuhmilch (1,5 % Fett)
Mungbohne
Nierenbohnen (rote)
Pintobohnen gesprenkelt
Reis Vollkorn
Reisnudeln
Saubohnen (Dicke Bohnen)
Schafmilch Joghurt
Schafskäse
Soja Cuisine (Soja-Sahne)
Soja Tofu
Soja Tofu geräuchert
Sojabohne
Sojabohnen, Gelbe
Sojabohnen, Schwarze
Sojabohnenmilch
Sojamehl
Sonnenblumenkerne
Topfen (Quark) 20%
Topfen (Quark) 40%

4.2 Zutaten verwenden: ja

Acaipulver
Acerola Fruchtnektar oder Pulver
Agar-Agar, Agartang
Agavendicksaft
Ahornsirup
Aloesaft
Ananas
Ananas (aus der Dose)
Ananassaft ungezuckert
Andornkraut
Angelikawurzel
Anis (gemeiner Fenchel)
Apfel (sauer)
Apfel (süß)
Apfelmus
Apfelsaft (Naturtrüb)
Aprikose
Aprikose getrocknet
Aprikosen Marmelade
Aprikosennektar
Artischocke
Aubergine
Austernpilze
Austernschalenpulver
Avocado
Backpulver
Baldrian
Bambussprossen
Banane
Banane Kochbanane
Banchatee
Bärentraubenblätter
Bärlauch (Knoblauchspinat)
Basilikum
Basilikum (frisch)
Bataviasalat
Beeren der Saison
Beerensaft
Benediktinerdistel
Berberitzenrindetee
Bier (alkoholarm)
Bier (alkoholfrei)
Bier (Altbier)
Bier (Pils)
Birne
Birnensaft
Bitter Lemon
Bitterklee
Bitterlikör
Bitterorangenschale
Blätterteig

Blattsalate (bitter)
Blumenkohl (Karfiol)
Blütenpollen
Bocksdornfrüchte (Fructus Lycii) getrocknet
Bockshornklee
Bohnen (grün, frisch)
Bohnenkraut
Bohnenöl
Borretsch
Borretschöl
Boxhornkleesamen
Bratöl
Brennnessel
Brie
Brokkoli
Brombeerblätter
Brombeere
Brombeere getrocknet (unreife)
Brombeermarmelade
Brösel (Weizenbrot, Semmel)
Brot mit Johannisbrotkernmehl
Brötchen (Semmel)
Buchweizen
Buchweizen Vollkorn
Buschbohnen
Butter Bio
Butterbohnen weiße
Butterschmalz
Camembert
Campari
Cashewnüsse
Champignon
Channa-Dal
Chenpi (chinesische Mandarinenschale)
Chicorée
Chili (Schote oder gemahlen)
Chinakohl
Chlorella (Süßwasser)
Chrysanthemenblütentee
Clementinen
Colagetränk
Colagetränk (kalorienarm)
Couscous
Cranberries
Creme fraiche
Cumin (Kreuzkümmel)
Curry
Currypaste rot
Dashi

53

Datteln getrocknet
Datteln rot
Dill
Distelöl
Dulse (Lappentang)
Edamer
Eibennuss
Eibisch (Hibiscus)
Eisbergsalat
Emmentaler
Endiviensalat
Enzianwurzel
Erbse, grün
Erbsen
Erdbeere
Erdbeermarmelade
Erdbeersaftgetränk
Erdnuss (geröstet)
Erdnussbutter
Erdnüsse
Erdnussöl
Essig (Apfelessig)
Essig (Rotweinessig)
Essig Aceto Balsamico
Essig Aceto Balsamico weiss
Essiggurke
Estragon
Färberdiestel (Hong Hua)
Färberginsterkraut
Feige
Feige getrocknet
Feldsalat
Fenchel
Fenchelsamen gemahlen
Fencheltee
Fernet Branca (Kräuterbitterlikör)
Feta
Fischsouce
Flaschenkürbis
Flohsamen
Frischkäse
Früchtetee
Fruchtzucker (Fruktose, Traubenzucker)
Gagelpflaume
Galgant
Gans (Gänseschmalz)
Gänseblümchen
Gänseblut
Garam Masala Pulver
Gelatine weiss
Gelee Royal
Gemüsesaft
Gerste

Gerste (Nacktgerste)
Gerste (Perlgerste)
Gerstengras Pulver
Gerstengraupen
Gerstengrütze
Gerstenmalz
Gerstenmehl
Getreidekaffee
Gewürznelke
Ginkgofrucht
Ginsenglikör
Ginsengwurzel
Glühweingewürzmischung
Gorgonzola
Gouda
Granatapfel
Grapefruit getrocknete Schale
Grapefruit/Pampelmuse/Pomelo
Grapefruitsaft
Grüner Tee
Grünkern
Guave
Gurke
Gurke (bitter)
Gurke (Gewürzgurke)
Hafer
Hafer Flocken (Vollkorn)
Hafer Flocken geröstet
Hafer Mehl
Hafer Milch
Hafer Schrot
Hagebutte
Hagebuttentee
Haselnüsse
Hefe
Heidelbeere
Heidelbeere getrocknet
Heidelbeermarmelade
Heidelbeersaft
Hibiskustee
Hijiki
Himbeerblättertee
Himbeere
Himbeere getrocknet (unreife)
Himbeermarmelade
Hiobsträne (Samen) YiYi Ren
Hirsch Knochen
Hirse
Hirseflocken
Hokkaidokürbis
Holunderbeeren
Holunderblütentee
Honig
Honigmelone

Honigwein (Met)
Hopfen
Huhn Blut
Ingwer frisch
Ingwer Pulver
Ingweröl
Jakobstränen
Jasminblütentee
Johannisbeere (rot)
Johannisbeere (schwarz)
Johannisbeere (weiß)
Johannisbeermarmelade (rot)
Johannisbeermarmelade (schwarz)
Johannisbeernektar (schwarz)
Kaffee
Kaffeeweißer
Kakao
Kaki-Pflaume
Kaktusfeige
Kalmus
Kamille
Kapern (eingelegt)
Kapuzinerkresse
Karambole/Sternfrucht
Kardamom
Karotte (Frühkarotte)
Karotte (Mohrrübe, Möhre)
Karottensaft ohne Zucker
Kartoffel
Kartoffel (mehlige)
Kartoffelmehl
Käsepappeltee
Kastanien (Maronen)
Kerbel
Kerbel getrocknet
Kirsche
Kirsche (sauer)
Kirschenkompott
Kirschsaft
KIwI
Klementine
Klettenwurzeltee
Knäckebrot
Knoblauch
Kohlrabi
Kohlrübe
Kokosfett
Kokosflocken
Kokosmilch
Kokosnussfleisch
Kokosraspeln
Kombualge
Kompott (Früchte der Saison)
Kopfsalat

Koriander
Koriandergrün
Korinthen (rot)
Korinthen (schwarz)
Kräuter bittere
Kräuter der Provence
Kräuter verschiedene
Kräuter Wildkräuter
Kräuterteemischung
Kresse
Kuhmilch (Vollmilch 3,5 % Fett)
Kukichatee
Kümmel
Kümmel gemahlen
Kumquat
Kürbis
Kürbiskerne
Kürbiskernöl
Kurkuma (Gelbwurz)
Kuzu
Lamm Knochen
Lauch (Porree)
Lauchzwiebel Schnittlauch
Laugengebäck
Lavendelblüten
Leberglättertee
Leinöl
Leinsamen
Leinsamen (geschrotet)
Liebstöckel
Liebstöckelsamen
Lilienzwiebel
Limabohnen
Lindenblütentee
Linsen (Helmbohnen)
Linsen gelb
Linsen rot
Linsen schwarz
Löffelbiskuit
Longane
Loquate/Japanische Mispel
Lorbeerblatt
Lotossamen
Lotoswurzeln
Löwenzahn (junger)
Löwenzahnsaft
Löwenzahnwurzeltee
Luohan-Frucht
Lychee
Lychee (Konserve)
Lycheelikör
Mais
Mais (geröstet)
Mais (Schnellpolenta)

Mais Gries (Polenta)
Mais Mehl (Maizena)
Maishaartee
Maiskeimöl
Maisstärke
Majoran
Makannastern Samen
Malventee
Malz
Malzbier
Mandarine
Mandelmilch
Mandelmus
Mandeln
Mandeln Marzipan
Mango
Mangold
Mangopulver
Mangosaft
Maniokmehl
Margarine
Margarine (Diät)
Marillen
Marillensaft
Martini
Mascarpone
Maulbeerfrucht
Mayonnaise 50%
Mayonnaise 80%
Mehrkornbrot (Graubrot)
Melisse
Mineralwasser
Mirabelle
Miso
Miso schwarz (fermentiert)
Mispel
Mixed Pickels
Mohn
Molke
Moosbeere
Morchel (schwarz, getrocknet)
Mu-Erh-Pilz
Mungbohnensprossen
Muskatnuss
Müsli
Nachtkerzenöl
Nektarine
Nelke
Nori, Purpurtang, Rotalge
Nudeln (Weizen) mit Ei
Nudeln (Weizen, Bandnudeln) mit Ei
Nudeln (Weizen, Lasagneblätter) mit Ei
Nudeln (Weizen, Spagetti) mit Ei
Obstmischung Fruchtsaft

Odermennig
Okra
Oliven
Oliven grün
Olivenöl
Orange
Orange abgeriebene Schale
Orange getrocknete Schale
Orange Schale
Orangenblüten
Orangenmarmelade
Orangensaft
Oregano frisch
Oregano getrocknet
Palmöl
Papaya
Paprika
Paprika (Rosenpaprikapulver)
Paprika (süß)
Paranuss
Parmesan
Passionsblumenblütentee
Passionsfrucht (Maracuja)
Pastinake
Peperoni
Peperoni, gelb, entkernt, halbiert
Peperoni, rot, entkernt, halbiert
Petersilie
Petersilienwurzel
Pfeffer Cayenne
Pfeffer Körner
Pfeffer weiss (gemahlen)
Pfefferminze
Pfefferminztee
Pfeilwurzelmehl
Pfifferlinge/Eierschwammerl
Pfirsich
Pfirsich (Dose)
Pflaume
Pflaume getrocknet
Piment
Pinienkerne
Pistazien
Preiselbeere
Preiselbeermarmelade
Preiselbeersaft
Prosecco
Puddingpulver Vanille
Pumpernickel
Quargel 20%
Quinoa
Quitte
Radicchio
Radieschen

Rapsöl
Reineclaude
Reis Basmatireis
Reis Duftreis
Reis Gaoliangreis (Sorghum)
Reis Klebreis
Reis Langkornreis
Reis Reisschleim
Reis Roter
Reis Rundkornreis
Reis Schwarzer
Reis Sorte beliebig
Reis Süßer
Reis Wilder (Naturreis)
Reishi
Reismalz
Reismehl
Reisstärke
Rettich (weiß, grün, lila-rot)
Rettich Meerrettich (Kren)
Rettich schwarz
Rettichblätter (vom Wochenmarkt)
Rhabarber
Rind Fleischknochen
Rind Knochenmark
Roggen
Roggen Vollkornbrot
Roggenmehl
Römersalat/Lattich-Salat
Rosenblättertee
Rosenblütentee
Rosenkohl
Rosinen
Rosmarin
Rote Grütze (ohne Zucker)
Rote Rübe
Rotkohl
Rotwein
Rum
Safran
Sago (Getreide)
Sahne sauer 20%
Sahne sauer 30%
Sahne, süß 30%
Sake
Salbei
Salz
Salz Kräutersalz
Sanddorn
Sauerampfer
Sauerkirsche
Sauerkraut
Sauerteig
Schafgarbe

Schafgarbentee
Schafsmilch
Schimmelkäse
Schlehdorn
Schmelzkäse 12%
Schmelzkäse 30%
Schnaps
Schokolade
Schokolade (Diabetiker)
Schwarzaugenbohnen
Schwarze Bohnen
Schwarzer Fungu Pilz
Schwarzkümmel
Schwarztee
Schwarzwurzel
Schwedenkraut (Schwedenbitter)
Schwein Blut
Schwein Darm
Schwein Haut
Schwein Hirn
Schwein Lunge
Schwein Markknochen
(Röhrenknochen)
Schwein Schmalz
Sellerie Knolle
Sellerie Stangensellerie
Senf
Senf Dijon
Senf mittelscharf
Senf süß
Senfsamen
Sesam Paste (Tahini)
Sesam, Schwarzer
Sesam, Weißer
Sesamöl
Sesamöl geröstet
Sherry
Shiitake, getrocknet
Silbermorchel, getrocknet
Sojabohnen, Schwarze, fermentiert
Sojacreme
Soja-Nudeln
Sojaöl
Sojapaste (Miso)
Sojasauce
Sonnenblumenöl
Spargel (grün oder weiß)
Speiserüben
Spinat
Spitzwegerichtee
Stachelbeere
Stangenbohnen (Fisolen)
Steinpilz/Herrenpilz
Sternanis

Stevia (Süßkraut)
Süßholzwurzeltee
Süßkartoffel
Tabasco
Taube Ei
Teemischung Harnsäuresenkend
Thymian
Thymian getrocknet
Toastbrot (Vollkorn)
Tomate
Tomate getrocknet
Tomatenmark
Tomatenpüre
Tomatensaft
Tonicwasser
Trauben rot
Trauben weiß
Traubenkernöl
Traubensaft rot
Traubensaft weiß
Trüffel
Tsampa (geröstetes Gerstenmehl)
Umeboshipaste
Umeboshipflaumen (Japanaprikosen)
Vanille
Vanillepulver
Vanilleschote
Vanillezucker natur
Vogelmiere
Vogerlsalat (Pflücksalat)
Vollkornbrot
Vollkornbrot mit ganzen Körner
Vollkornmehl
Wacholderbeere
Wachskürbis
Wakame
Walderdbeeren
Walnüsse
Walnüsse geröstet
Walnussöl
Wasser
Wasser heiss
Wassermelone
Weißbrot (Weizenbrot)
Weißbrot Baguette
Weißbrot Brösel (Weizenbrot)
Weißbrot Knödelbrot (Weizenbrot)
Weißbrot Salzstangerl
Weißbrot Semmel
Weißdorn
Weiße Bohnen
Weißkohl/Weißkraut
Weißwein

Weißwurz
Weizen
Weizen Bier
Weizen Bulgurweizen
Weizen Fladenbrot
Weizen Flocken
Weizen Gras Pulver
Weizen Gries
Weizen Gries - Kindergries
Weizen Mehl
Weizen Mehl Vollkorn
Weizen/Roggen Grau- Schwarzbrot mit Hefe
Weizengrassaft
Weizenkeimöl
Weizenkleie
Wermut
Wermutkraut
Wildkräuter
Wirsing/Grünkohl
Yamswurzel, Yamswurzelknolle
Yogitee
Ysop
Ziegen- und Schafsblut
Ziegen- und Schafshirn
Ziegen- und Schafsmilch
Zimtpulver
Zimtstange
Zitrone
Zitrone Saft
Zitrone Schale
Zitrone, Limette
Zitronengras
Zitronenmelisse (frisch)
Zitronenmelisse (getrocknet)
Zucchini
Zucker (Staubzucker)
Zucker (weiß, aus Rüben)
Zucker braun
Zucker Fructose Fruchtzucker
Zucker Glukose Traubenzucker
Zucker Kandis weiß
Zucker Melasse
Zucker Milchzucker
Zucker Palmzucker
Zucker Ursüße (Zuckerrohr) süß
Zuckerersatz (Süßstoff)
Zwetschken
Zwieback
Zwiebel Frühlingszwiebel
Zwiebel rot
Zwiebel Schalotte
Zwiebel weiss

4.3 Zutaten verwenden: wenig

Barsch
Butter (halbfett)
Buttermilch
Dorsch
Flunder
Grundrezept für eine Fischbrühe
Grundrezept für eine Hühnerbrühe wärmend
Grundrezept für eine Rinderbrühe wärmend
Heilbutt
Huhn Ei
Huhn Eigelb
Huhn Eiweiß
Huhn Fleisch
Kaviar
Kefir
Magermilchpulver
Mittelmeerfisch (Kabeljau, Scholle, Schellfisch, Seeaal, Makrele)
Nudeln (Vollkorn) mit Ei
Rind Suppenfleisch
Sahne 10% Kaffeesahne
Sahne sauer 10%
Sauermilch
Sauerrahm 15% Fett
Scholle
Stutenmilch
Süßwasserfisch
Wachtel Ei
Weißfischchen

4.4 Kontraindikativ wirkende Lebensmittel nicht verwenden

Aal
Aal geräuchert
Astronautenkost
Austern
Calamari
Dornhai (Seeaal, Schillerlocken)
Ente (Frühmastente, schlachtfrisch)
Ente (Herz)
Entenei
Fasan
Fisch Innereien
Fischreste
Fischstücke gemischt (Süßwasser)
Forelle
Forelle (geräuchert)
Frischkäse mit Kräuter
Gans
Gans (Gänseklein)
Gänseei
Garnele
Graskarpfen
Haifisch
Hammel
Hase
Hase, wild
Hering
Hirsch Fleisch
Hirsch Nieren
Huhn Herz
Huhn Leber
Huhn Magen
Hummer
Kabeljau
Kaninchen Fleisch
Kaninchen Leber
Karausche
Karpfen
Krabbe
Krake
Lachs
Lamm Fleisch
Lamm Leber
Lamm Nieren
Lamm Schulter
Languste
Makrele
Meeräsche
Meereskrebs
Miesmuscheln
Mozzarella
Pferd Fleisch
Pute Brustfleisch
Pute Schinken
Qualle
Reh Fleisch
Rind (Kalb)
Rind Filet
Rind Fleisch
Rind Herz
Rind Herz (Kalb)
Rind Leber
Rind Lunge (Kalb)

Rind Magen	Schwein Schinken
Rind Niere	Schwein Schinken gekocht
Rind Ochsenschwanzstücke	Schwein Schinken geselcht
Rotbarsch	Schwein Schinkenspeck
Sardellen/Sardine	Seegurke
Schaffleisch	Shrimps
Schnecke	Süßwasserkrebs
Schwein Bratwurst	Taube
Schwein Fett	Thunfisch
Schwein Fleisch	Tintenfisch
Schwein Haxe (Eisbein)	Wachtel
Schwein Herz	Wildschwein Fleisch
Schwein Leber	Ziege
Schwein Magen	Ziegen- und Schafsleber
Schwein Mettwurst	Ziegen- und Schafsmagen
Schwein Nieren	Ziegenkäse

5 Komplementär

5.1 Heil-Tee (Aufguss)

5.1.1 Andorn
Anregend auf die Luft- und Verdauungswege, blutbildend, entzündungshemmend,
2 Teelöffel des Tees mit 250 ml kochendem Wasser übergießen und 10 Minuten ziehen lassen. Danach absieben. Nach Bedarf 2 bis 3 Tassen pro Tag trinken.
Äußerlich kann man Andorn-Tee oder verdünnte Tinktur in Form von Umschlägen, Bädern oder Waschungen anwenden. Mit dieser Art der Anwendung kann man Ekzeme lindern. Andorn hilft äußerlich eingesetzt auch gegen Geschwüre und andere Wunden, die nicht heilen wollen.
Nicht während der Schwangerschaft, in der Stillperiode oder von Personen mit Herzerkrankungen verwenden.

5.1.2 Anis
Erhöht die Gallenausscheidung, Positiv bei Herzerkrankungen, Empfehlenswert für die Gallen- und Leberdiät, Mittel gegen Blähungen, kräftigt den Magen, Gute Dienste bei Husten, stimulierend. Asthma, Husten, fördert Milchsekretion.
3 TL pro Tasse
Wirkstoffe: Salizylsäure, Kreosol, Alpha-Pinene, trans-Anethol, fettes Öl, Zucker, Eiweiß.
Ein heißer Aufguss (Infus) wird aufgrund seiner schleimlösenden Wirkung als Hustenmittel auf Grund von krampflösender und blähungstreibender Wirkung auch bei Magen-Darm-Beschwerden, verwendet. Anistee wird daher oft auch mit Fenchel und Kümmel gemischt bei Verdauungsbeschwerden, Blähungen, Koliken und Krämpfen eingesetzt.

5.1.3 Berberitzen-Wurzel
Antiseptisch, gut gegen Leberfunktionsstörungen, Gallenleiden, Gelbsucht und Verdauungsstörungen.
Stärkt und kräftigt die Leber. Wirksam bei Leberkrankheiten, besonders bei Gelbsucht und Hepatitis. Immunsystem-Stimulans, verdauungsfördernd, entfernt Protozoen-Parasiten (Amöben), aktiviert die Schilddrüse und wird als eines der nützlichsten Kräuter angesehen.
Eines der wirksamsten Kräuter um die Milz, die Gallenblase und

Leberfunktion zu korrigieren, außerdem wirksam gegen Gelbsucht, Gastritis, Leber- und Nierenverstopfung und Schwächezustände. Ein wirksamer Magen- und Darm- und Blutreiniger. Sie hilft, Verstopfungen und Ablagerungen zu entfernen. Weil sie antiseptische Eigenschaften hat, hilft sie bei Leberproblemen.
Nicht in der Schwangerschaft verwenden.

5.1.4 Tausendguldenkraut

Gut gegen Appetitlosigkeit, Blähungen, Blutarmut, Erschöpfungszustände, Fieber, Gallensteine, Leber- und Gallenfunktionsschwäche, Magenbeschwerden, Migräne, Sodbrennen, Verdauungsstörungen, Wundheilung.
2 Teelöffel des Tees mit 250 ml kochendem Wasser übergießen und 10 Minuten ziehen lassen. Danach absieben. Nach Bedarf 2 bis 3 Tassen pro Tag trinken.
Nicht bei Magengeschwüren verwenden.

5.2 Komplementäre Anwendung

5.2.1 Ayur Veda

Ayurveda ist eine Kombination aus empirischer Naturlehre und Philosophie, welche die Ausgewogenheit des Körpers anstrebt. Ayurveda hat einen ganzheitlichen Anspruch, da der ganze Mensch mit einbezogen wird. Es werden pflanzliche Heilmittel verabreicht, welche eingenommen oder aufgetragen werden. Dadurch werden Organe gestärkt oder eine Entgiftung/Entschlackung angeregt.
Speziell bei Krebs wird das Ungleichgewicht verschiedener Elemente beschrieben und behandelt. Die Methoden der Schulmedizin mit Chirurgie, Strahlentherapien und andere Behandlungsmethoden ähneln denen der Ayurveda in vielen Punkten.

5.2.2 Shiatsu Massage

Massagetechnik. Hierbei wird vor allem Wert auf das Erkennen bestehender Ungleichgewichte im menschlichen Energiehaushalt gelegt. Shiatsu hat sich im Lauf des 19. Jahrhunderts in Japan aus der Traditionellen Chinesischen Medizin heraus als eigenständige Massagetechnik entwickelt. Hierbei wird vor allem Wert auf das Erkennen bestehender Ungleichgewichte im menschlichen Energiehaushalt gelegt. Im Mittelpunkt steht dabei die Frage: In welchen Körperteilen/Organen ist zu viel, in welchen zu wenig Energie vorhanden? Wörtlich übersetzt bedeutet Shiatsu "Fingerdruck". Durch den Druck der Finger - aber auch des Ellenbogens und der Füße - auf einzelne Akupunkturpunkte (Tsubos) oder entlang von Meridianen sollen Blockaden gelöst und der Energiehaushalt wieder ins Gleichgewicht gebracht werden. Bei Shiatsu steht der ganze Mensch im Zentrum und nicht nur die Krankheit und soll die Harmonisierung des Energieflusses stärken. Gelingt dies, verbessert sich das Allgemeinbefinden und die Fähigkeit zur Selbstregulation (Immunsystem) nimmt zu. Dadurch kann Shiatsu helfen, häufige Symptome von Krebs besser zu bewältigen.

5.3 Verschiedene Möglichkeiten

5.3.1 Mariendistel

Gut gegen Koliken, Krämpfe, Schmerzen im Oberbauch, Obstipation, Leberzirrhose, Fettleber, Pankreaserkrankungen.
Ein wichtiges Lebermittel in der westlichen Naturheilkunde, besonders zur Entgiftung und als Antitoxin. Selten als Teedroge verwendet, da wichtige (antitoxische) Inhaltsstoffe schlecht wasserlöslich sind.
Kann leicht laxierend wirken.

5.3.2 Reishi

Regeneriert die Leber, wirkt entgiftend und entzündungshemmend. Gut gegen chronischer Hepatitis, Schwellungen, Rötungen und Juckreiz. Reguliert das Immunsystem, weckt und unterstützt die Selbstheilungskräfte. Verbessert die Sauerstoffsättigung des Blutes.
Als Zugabe zu Tee, Kakao oder Kaffee. Als Kapseln, Extrakt, Pulver oder ganzer Pilz.
Reishi ist reich an Mineralstoffen und Spurenelementen Magnesium, Kalium, Calcium, Eisen, Zink, Kupfer, Mangan und organisch gebundenes Germanium, welches in der Tumortherapie und für die Interferonproduktion eine große Rolle spielt. Wertvollen Polysaccharide, Glykoproteine, Proteoglykane, Triterpene, Sterole, Alkaloide und eine Vielzahl weiterer hochaktiver Wirksubstanzen.

6 Grundlagen der Ernährung

Die hier beschriebenen Grundlagen der Ernährung zeigen allgemeine Empfehlungen und beziehen sich nicht auf eine spezielle Therapieform. Die Empfehlungen der Therapie haben Vorrang.

6.1 Ernährung

Die regelmäßige Einnahme von Mahlzeiten in entspannter Atmosphäre. Ein wärmendes Frühstück gilt als guter Start in den Tag.
Mittags sollte die Hauptmahlzeit stattfinden - das Abendessen am frühen Abend.

Die Beachtung von Hunger- und Sättigungsgefühlen: Nicht überessen und nicht hungern, so lautet die Regel.

Die frische Zubereitung der Speisen aus naturbelassenen, regionalen Produkten. Tiefgekühlte, hitzekonservierte, industriell vorgefertigte oder mikrowellengegarte Lebensmittel werden gemieden.

Die Auswahl von Lebensmittel nach der Jahreszeit: Im Sommer mehr kühlende Nahrung, im Winter mehr wärmende Nahrung.

Mindestens zweimal am Tag Gekochtes essen. Speisen und Getränke sollen möglichst handwarm, niemals eiskalt oder heiß sein.

Rohkost, kurz gegartes Gemüse, frisch gepresste Säfte und Mineralwasser werden üblicherweise nicht empfohlen. Milch und Milchprodukte stehen nur dann auf dem Speiseplan, wenn sie problemlos vertragen werden.

Therapeutische Rezepte nicht über einen längeren Zeitraum ohne Rücksprache mit dem Arzt oder Therapeuten einnehmen.

1. Vielseitig essen
Lebensmittelvielfalt genießen. Merkmale einer ausgewogenen Ernährung sind abwechslungsreiche Auswahl, geeignete Kombination und angemessene Menge nährstoffreicher und energiearmer Lebensmittel. (Einerseits Schutz vor Unterversorgung mit essentiellen Nährstoffen und andererseits Schutz vor einer überhöhten Zufuhr unerwünschter Inhaltsstoffe.)

2. Reichlich Getreideprodukte - und Kartoffeln
Brot, Nudeln, Reis, Getreideflocken (am besten aus Vollkorn), sowie

Kartoffeln enthalten kaum Fett, aber reichlich Vitamine, Mineralstoffe, Spurenelemente sowie Ballaststoffe und sekundäre Pflanzenstoffe. Diese Lebensmittel sollten mit möglichst fettarmen Zutaten verzehrt werden.

3. Gemüse und Obst - Nimm "5" am Tag ...

5 Portionen Gemüse und Obst am Tag, möglichst frisch, nur kurz gegart, oder auch eine Portion als Saft – idealerweise zu jeder Hauptmahlzeit und auch als Zwischenmahlzeit: Damit werden reichlich Vitamine, Mineralstoffe sowie Ballaststoffe und sekundären Pflanzenstoffe (z.B. Carotinoiden, Flavonoiden) zugeführt. Das Beste, was man für die eigene Gesundheit tun kann.

4. Täglich Milch und Milchprodukte, ein- bis zweimal in der Woche

Fisch; Fleisch, Wurstwaren sowie Eier in Maßen. Diese Lebensmittel enthalten wertvolle Nährstoffe, wie z.B. Calcium in Milch, Jod, Selen und Omega-3-Fettsäuren in Seefisch. Fleisch ist wegen des hohen Beitrags an verfügbarem Eisen und an den Vitaminen B1, B6 und B12 vorteilhaft. Mengen von 300 - 600 g Fleisch und Wurst pro Woche reichen hierfür aus. Fettarme Produkte bevorzugen, vor allem bei Fleischerzeugnissen und Milchprodukten.

5. Wenig Fett und fettreiche Lebensmittel

Fett liefert lebensnotwendige (essenzielle) Fettsäuren und fetthaltige Lebensmittel enthalten auch fettlösliche Vitamine. Fett ist besonders energiereich, daher kann zu viel Nahrungsfett Übergewicht fördern, möglicherweise auch Krebs. Zu viele gesättigte Fettsäuren fördern langfristig die Entstehung von Herz-Kreislauf-Krankheiten. Pflanzliche Öle und Fette bevorzugen (z.B. Raps-, Oliven- und Sojaöl und daraus hergestellte Streichfette). Auf unsichtbares Fett achten, das in Fleischerzeugnissen, Milchprodukten, Gebäck und Süßwaren sowie in Fast-Food- und Fertigprodukten meist enthalten ist. Insgesamt 70 - 90 Gramm Fett pro Tag reichen aus.

6. Zucker und Salz in Maßen

Nur gelegentlich Zucker und Lebensmittel, bzw. Getränke verzehren, die mit verschiedenen Zuckerarten (z.B. Glucose Sirup) hergestellt wurden. Kreativ mit Kräutern und Gewürzen und wenig Salz würzen. Jodiertes Speisesalz bevorzugen.

7. Reichlich Flüssigkeit

Wasser ist absolut lebensnotwendig. Jeden Tag rund 1-2 Liter Flüssigkeit trinken. Wasser (ohne oder mit Kohlensäure) und andere kalorienarme Getränke bevorzugen. Alkoholische Getränke sollten nicht konsumiert werden.

8. Schmackhaft und schonend zubereiten
Die jeweiligen Speisen bei möglichst niedrigen Temperaturen garen, soweit es geht kurz, mit wenig Wasser und wenig Fett - das erhält den natürlichen Geschmack, schont die Nährstoffe und verhindert die Bildung schädlicher Verbindungen.

9. Sich Zeit nehmen und das Essen genießen
Bewusstes Essen hilft, richtig zu essen. Auch das Auge isst mit. Sich beim Essen Zeit lassen. Das macht Spaß, regt an, vielseitig zuzugreifen und fördert das Sättigungsempfinden.

10. Auf das Gewicht achten und in Bewegung
Ausgewogene Ernährung, viel körperliche Bewegung und Sport (30 bis 60 Minuten pro Tag) gehören zusammen. Mit dem richtigen Körpergewicht fühlt man sich wohl und fördert die Gesundheit.

Thermik, Wirkrichtung, Verdauungskraft
Es gibt unterschiedliche Kriterien, die Wirksamkeit von Kräutern und Lebensmittel zu beurteilen. Der Einsatz der Kräuter und Zutaten basiert auf Beobachtung, was die Lebensmittel, Kräuter und Gewürze nach ihrem Verzehr im Körper bewirken. In der Medizin hat sich daraus folgendes System entwickelt: Jede Zutat oder Kraut hat eine Wirkrichtung. Außerdem gibt es noch Kräuter, die eine besondere Wirkung auf bestimmte Organe haben.

Voraussetzung für einen gesunden Stoffwechsel ist es, darauf zu achten, dass wir ausreichend Energie aus der Nahrung gewinnen und der Verdauungsprozess so wenig Energie wie möglich verbraucht. Eine bekömmliche Mahlzeit macht zufrieden und satt, verursacht keine Blähungen und keine Müdigkeit nach dem Essen. Richtiges Würzen erhöht die Bekömmlichkeit unserer Speisen. Es genügen oft schon geringe Mengen an Kräutern und Gewürzen. Sie dienen nicht dazu, uns satt zu machen, sondern helfen unseren Verdauungsorganen, die Nahrung zu verdauen.

6.2 Rezepte

Die Rezepte zeigen Ihnen welche Zutaten verwendet werden sowie mit der Kochanleitung wie diese zubereitet werden. Bei den Zutaten wird neben den Mengenangaben auch die Wichtigkeit für die Therapie angezeigt. Wenn dabei angezeigt wird "weniger als angegeben" versuchen Sie diese Empfehlung einzuhalten oder eine Alternative aus der Liste der "Empfohlenen Lebensmittel" zu finden. Meistens ist es nur eine leichte geschmackliche Änderung wenn Sie diese Zutat gänzlich weglassen.

Schonende Kochmethoden: Kochen, dämpfen, pochieren, dünsten
Scharfe Kochmethoden: Grillen, rösten, anbraten, räuchern
Ausgeglichene Kochmethoden: Frittieren, Römertopf

Auf das Einfrieren und erwärmen in der Mikrowelle sollte verzichtet werden (Denaturierung).

6.3 Lebensmittel

Lebensmittel wirken wie Heilkräuter auf Körper und Geist, nur wesentlich sanfter. Die Ernährungsberatung stützt sich hauptsächlich auf heimische Lebensmittel. Das Wissen über die Wirkungsweisen jedes einzelnen Lebensmittels und das Wissen wann welche Lebensmittel zur Anwendung kommen, entstammt der Schulmedizin. Verwende Sie möglichst Erzeugnisse aus ökologischen-biologischem Landbau.

Da wegen der besseren Verdaulichkeit grundsätzlich alles lange gekocht und kaum roh gegessen wird, ist die Verträglichkeit hervorragend.

Die Einteilung der Lebensmittel entsprechend ihrer Wirkung auf den Körper und bildet die Basis, um einen ausgewogenen und harmonischen Gesundheitszustand im Körper zu erreichen.

Grundsätzlich empfiehlt die Ernährungsberatung keine bestimmten Lebensmittel für Jedermann. Ausschlaggebend für den individuellen Speiseplan ist vor allem die persönliche Konstitution.

Kaufen Sie nur frisches und reifes Obst und Gemüse ein. Braune Stellen, welke Blätter aber auch unreifes Obst und Gemüse sollten Sie im Supermarkt zurücklassen. Greifen Sie dann zu Tiefkühlware (keine Fertiggerichte!). Tiefkühlobst und -gemüse werden kurz nach dem Ernten schockgefroren und enthalten deshalb oftmals mehr Vitamine und Mineralstoffe, als die Ware aus der Obst- und Gemüsetheke! Konserven- und Dosenware dagegen enthält wesentlich weniger Biostoffe. Zudem werden Letztere meist mit Salz, Zucker usw. angereichert. Lassen Sie die Zutaten nach dem Waschen nie im Wasser liegen, denn so gehen viele Vitalstoffe ins Wasser über! Putzen Sie Salate, Früchte und Gemüse erst unmittelbar vor Verzehr.

Beachten Sie bitte die hygienische Verarbeitung der Lebensmittel. Waschen Sie Ihre Salate, Früchte und Gemüse gründlich. Bei Gerichten mit Fleisch bereiten Sie zuerst die Zutaten vor und verarbeiten dann die

Fleischprodukte. Reinigen Sie danach die Arbeitsflächen und Werkzeuge besonders gründlich. Holzunterlagen sollten regelmäßig mit leichtem Desinfektionsmittel behandelt werden um die Keimbildung einzuschränken.

Bewahren Sie Obst und Gemüse möglichst getrennt voneinander auf. Auch geerntete Früchte und Gemüse leben und strömen z.B. Ethylengas aus, das andere Sorten schneller reifen und altern lässt. Fleisch und Fisch in der verschlossenen Verpackung lassen oder in luftdichten Boxen im Kühlschrank aufbewahren.

6.4 Kräuter

Bei der Aufbewahrung und Lagerung von Heilkräutern, müssen gewisse Grundregeln beachtet werden. Grundsätzlich müssen Heilkräuter geschützt vor direkter Sonneneinstrahlung, vor Feuchtigkeit und vor heißen Temperaturen gelagert werden.

Als Gefäße für die Lagerung von Heilkräutern können Gläser, Keramik-Behälter und zur Not auch Plastik-Dosen eingesetzt werden. Plastik ist aber ein sehr unreines Material und sollte daher wirklich nur eine kurzfristige Notlösung sein. Bei Glasbehältern ist darauf zu achten, dass dunkles Glas verwendet wird.

Heilkräuter können nicht beliebig lange aufbewahrt werden. Die Haltbarkeit von Heilkräutern ist auf jeden Fall begrenzt. Durch die Haltbarkeitsdauer kann durch sachgerechte Lagerung wesentlich erhöht werden. So soll der Lagerplatz dunkel, eher kühl und absolut trocken sein. Ein Medizinschrank aus Holz, der nicht direkt bei einer Wärmequelle platziert ist wäre ideal. Um Ihre Heilkräuter nicht wegwerfen zu müssen, kaufen Sie nicht zu große Mengen an Heilpflanzen. Beschriften Sie die Behälter mit dem Namen des Heilkrauts und dem Datum der Ernte bzw. der Verarbeitung.

7 Weitere Ernährungsvorschläge

Folgende Syndrome der Diätetik, der TCM oder als Therapieergänzung bei Krebs sind verfügbar.

DIÄTETIK
1. Ernährung des Säuglings - Beikost
2. Ernährung in der Stillzeit
3. Ernährung im Alter
4. Ernährung von Kindern und Jugendlichen
5. Ernährung von Sportlern
6. Leichte Vollkost
7. Schwangerschaft
8. Vollkost

Eiweiß und Elektrolyt – Nieren
9. (Hämo-)Dialysebehandlung
10. Akutes Nierenversagen
11. Chronische Niereninsuffizienz
12. Nephrotisches Syndrom
13. Nierensteine (Nephrolithiasis)

Gastrointestinaltrakt - Bauchspeicheldrüse
14. Akute Pankreatitis (Entzündung der Bauchspeicheldrüse)
15. Chronische Pankreatitis (Entzündung der Bauchspeicheldrüse)

Gastrointestinaltrakt - Dünndarm und Dickdarm
16. Akute Obstipation (Verstopfung)
17. Chronische Obstipation (Verstopfung)
18. Colon irritabile
19. Divertikulitis
20. Erworbene Laktoseintoleranz (Laktosemalabsorption)
21. Fruktosemalabsorption
22. Glutensensitive Enteropathie (Zöliakie)
23. Kolektomie
24. Kurzdarmsyndrom

Gastrointestinaltrakt - Leber, Gallenblase, Gallenwege
25. Akute und chronische Hepatitis (Entzündung der Leber)
26. Cholelithiasis (Gallensteine)
27. Fettleber
28. Leberzirrhose

Gastrointestinaltrakt - Magen und Zwölffingerdarm
29. Akute Gastritis
30. Chronische Gastritis
31. Magenblutung
32. Ulcus ventriculi und Ulcus duodeni
33. Zustand nach Magenoperation

Gastrointestinaltrakt - Mundhöhle und Speiseröhre
34. Mundschleimhautentzündung
35. Ösophaguskarzinom (Speiseröhrenkrebs)
36. Reflüxösophagitis (Sodbrennen)

spezielle Krankheiten
37. Phenylketonurie (PKU)
38. Rheumatische Gelenkserkrankungen

Stoffwechsel
39. Adipositas (Übergewicht)
40. Diabetes mellitus
41. Essstörungen (Untergewicht)
Fettstoffwechsel
42. Hypercholesterinämie (erhöhter Cholesterinspiegel)
43. Hepatische Enzephalopathie
Herz- und Kreislauf
44. Arteriosklerose (Arterienverkalkung)
45. Herzinsuffizienz
46. Hypertonie (Bluthochdruck)
47. Hyperurikämie und Gicht
veränderter Nährstoffbedarf
48. bei Fieber
49. bei malignen Erkrankungen
50. nach Verbrennungen
51. Strahlen- und Chemotherapie

KREBS
100. Bauchspeicheldrüse
101. Blasenkrebs
102. Blutkrebs (Leukämie)
103. Brustkrebs
104. Darmkrebs
105. Magenkrebs
106. Nierenkrebs
107. Speiseröhrenkrebs

TCM
200. Blase - Feuchte Hitze in der Blase
201. Blase - Feuchtigkeit und Kälte in der Blase
202. Blase - Leere und Kälte in der Blase
203. Dickdarm - äussere Kälte befällt den Dickdarm
204. Dickdarm - Feuchte Hitze im Dickdarm
205. Dickdarm - Hitze blockiert den Dickdarm II akut
206. Dickdarm - Trockenheit des Dickdarms
207. Dickdarm - Yang Mangel (Kälte)
208. Herz - Blut Mangel
209. Herz - Blut Stagnation
210. Herz - Feuer
211. Herz - Heisser Schleim verstopft die Herzporen
212. Herz - Kalter Schleim verstopft die Herzporen
213. Herz - Qi Mangel
214. Herz - Yang Mangel
215. Herz - Yin Mangel
216. Leber - aufsteigender Leber-Yang
217. Leber - Blut-Mangel
218. Leber - Blut-Stagnation
219. Leber - feuchte Hitze in Leber und Gallenblase
220. Leber - Feuer
221. Leber - Gallenblase Qi-Leere
222. Leber - Kälte im Lebermeridian
223. Leber - Qi-Stagnation

224. Leber - Wind
225. Leber - Wind mit aufsteigendem Leber Yang
226. Leber - Wind mit Blutleere
227. Leber - Wind mit extremer Hitze
228. Lunge - Qi Mangel
229. Lunge - Schleim-Feuchtigkeit in der Lunge
230. Lunge - Schleim-Hitze in der Lunge
231. Lunge - Schleim-Kälte in der Lunge
232. Lunge - Trockenheit der Lunge
233. Lunge - Wind-Hitze befällt die Lunge
234. Lunge - Wind-Kälte befällt die Lunge
235. Lunge - Yin Mangel
236. Magen - Blutstagnation
237. Magen - Feuer
238. Magen - Magenkälte mit Flüssigkeit
239. Magen - Nahrungsstagnation
240. Magen - Qi Mangel
241. Magen - rebellierendes Magen Qi
242. Magen - Yin Leere
243. Milz - Hitze und Feuchtigkeit befällt die Milz
244. Milz - Kälte und Feuchtigkeit befällt die Milz
245. Milz - Qi Mangel
246. Milz - Qi Mangel + Absinkendes MilzQi
247. Milz - Qi Mangel + Milz kontrolliert das Blut nicht
248. Milz - Yang Mangel
249. Niere - Herz und Niere kommunizieren nicht mehr
250. Niere - Jing Mangel
251. Niere - Nieren können das Qi nicht empfangen
252. Niere - Qi ist nicht fest
253. Niere - Yang Mangel
254. Niere - Yin Mangel